Collins gem

# SPANISH PHRASEBOOK & DICTIONARY

D0733872

An imprint of HarperCollins Publishers
Westerhill Road
Bishopbriggs
Glasgow G64 2QT

Fourth Edition 2016

10 9 8 7

© HarperCollins Publishers 1993, 2007, 2010, 2016

ISBN 978-0-00-813594-2

Collins® and Collins Gem® are registered trademarks of HarperCollins Publishers Limited

www.collinsdictionary.com

Typeset by Davidson Publishing Solutions, Glasgow

Printed and bound in China by RR Donnelley APS

All rights reserved. No part of this book may be reproduced, stored in a retrieval system, or transmitted in any form or by any means, electronic, mechanical, photocopying, recording or otherwise, without the prior permission in writing of the Publisher. This book is sold subject to the conditions that it shall not, by way of trade or otherwise, be lent, re-sold, hired out or otherwise circulated without the Publisher's prior consent in any form of binding or cover other than that in which it is published and without a similar condition including this condition being imposed on the subsequent purchaser.

Entered words that we have reason to believe constitute trademarks have been designated as such. However, neither the presence nor absence of such designation should be regarded as affecting the legal status of any trademark.

believed correct at the time of printing. Nevertheless, the Publisher can accept no responsibility for errors or omissions, changes in the detail given or for any expense or loss thereby caused.

HarperCollins does not warrant that any website mentioned in this title will be provided uninterrupted, that any website will be error free, that defects will be corrected, or that the website or the server that makes it available are free of viruses or bugs. For full terms and conditions please refer to the site terms provided on the website.

A catalogue record for this book is available from the British Library.

If you would like to comment on any aspect of this book, please contact us at the given address or online.

E-mail: dictionaries@harpercollins.co.uk

facebook.com/collinsdictionary

@collinsdict

**Acknowledgements**
We would like to thank those authors and publishers who kindly gave permission for copyright material to be used in the Collins Corpus. We would also like to thank Times Newspapers Ltd for providing valuable data.

**Editor**
Holly Tarbet

**Contributors**
José A. Gálvez
Sinda López Fuentes
David White

**For the Publisher**
Gerry Breslin
Janice McNeillie
Helen Newstead

Front cover image: Casa Mila, in Barcelona. ©Frank11 / Shutterstock.com

## Using your phrasebook

Whether you're on holiday or on business, your **Collins Gem Phrasebook and Dictionary** is designed to help you locate the exact phrase you need, when you need it. You'll also gain the confidence to go beyond what is in the book, as you can adapt the phrases by using the dictionary section to substitute your own words.

The **Gem Phrasebook and Dictionary** includes:

- Over 60 topics arranged thematically, so that you can easily find an expression to suit the situation
- Simple pronunciation which accompanies each word and phrase, to make sure you are understood when speaking aloud
- Tips to safeguard against any cultural faux pas, providing the essential dos and don'ts of local customs or etiquette
- A basic grammar section which will help you to build on your phrases
- **FACE TO FACE** dialogue sections to give you a flavour of what to expect from a real conversation
- A handy map of the country which shows the major cities and how to pronounce them
- **YOU MAY HEAR** sections for common announcements and messages, so that you don't miss important information when out and about

- A user-friendly 3000 word dictionary to ensure you'll never be stuck for something to say

- **LIFELINE** phrases are listed on the inside covers for quick reference. These basic words and phrases will be essential to your time abroad

Before you jet off, it's worth spending time looking through the topics to see what is covered and becoming familiar with pronunciation.

The colour key below shows you how to search the phrasebook by theme, so you'll be able to find relevant phrases very quickly.

**Talking to people**

**Getting around**

**Staying somewhere**

**Shopping**

**Leisure**

**Communications**

**Practicalities**

**Health**

**Eating out**

**Menu reader**

**Reference**

**Grammar**

**Dictionary**

# Contents

**Using your phrasebook** 3
**Pronouncing Spanish** 7
**Top ten tips** 9

**Talking to people** 11
Hello/goodbye, yes/no 11
Key phrases 13
Signs and notices 17
Polite expressions 19
Celebrations 20
Making friends 21
Work 24
Weather 25

**Getting around** 27
Asking the way 27
Bus and coach 29
Metro 32
Train 33
Taxi 36
Boat and ferry 38
Air travel 39
Customs control 41
Car hire 42
Driving 44
Petrol 45
Breakdown 46
Car parts 47
Road signs 49

**Staying somewhere** 51
Hotel (booking) 51
Hotel desk 53
Camping 55
Self-catering 56

**Shopping** 57
Shopping phrases 57
Shops 58
Food (general) 59
Food (fruit and veg) 61
Clothes 63
Clothes (articles) 64
Maps and guides 66
Post office 66
Technology 68

**Leisure** 70
Sightseeing and tourist office 70
Entertainment 71
Nightlife 72

Out and about 73
Music 75
Sport 76

**Communications** 78
Telephone and mobile 78
Text messaging 81
E-mail 82
Internet 83

**Practicalities** 85
Money 85
Paying 86
Luggage 88
Repairs 89
Complaints 90
Problems 91
Emergencies 93

**Health** 96
Pharmacy 96
Body 98
Doctor 100
Dentist 103

**Eating out** 105
Eating places 105
In a bar/café 106
Reading the menu 108
In a restaurant 110
Dietary requirements 112
Wines and spirits 114

**Menu reader** 117

**Reference** 129
Alphabet 129
Measurements and quantities 130
Numbers 133
Days and months 135
Time 137
Time phrases 139
Public holidays 141
Phonetic map 142

**Grammar** 143

**Dictionary**
English - Spanish 153
Spanish - English 204

# Pronouncing Spanish

Spelling and pronouncing Spanish are easy once you know the few basic rules. This book has been designed so that as you read the pronunciation of the phrases, you can follow the Spanish. This will help you to recognize the different sounds and give you a feeling for the rhythm of the language.

In Spanish, vowels have only one sound. When you find two together, pronounce both of them in quick succession, as in **aceite** a-**they**-te (see note below about pronouncing **ce**).

You can use this as a guide to pronouncing vowels:

**a** sounds like **a** *(as in **apple**)*
**e** sounds like **e** *(as in **ever**)*
**i** sounds like **ee** *(as in **even**)*
**o** sounds like **o** *(as in **shop**)*
**u** sounds like **oo** *(as in **zoo**)*

The syllable to be stressed is marked in **bold** in the pronunciation. Here are a few rules you should know:

| Spanish | sounds like | example | pronunciation |
|---|---|---|---|
| **au** | ow | **autobús** | ow-to-**boos** |
| **ca** | ka | **cama** | **ka**-ma |
| **co** | ko | **con** | kon |
| **cu** | koo | **cubo** | **koo**bo |

| Spanish | sounds like | example | pronunciation |
|---|---|---|---|
| **ce** | the | **cena** | **the**-na |
| **cer** | thair | **cerca** | **thair**ka |
| **ci** | thee | **cine** | **thee**ne |
| **cia** | thya | **Escocia** | es-**ko**-thya |
| **ga** | ga | **gato** | **ga**-to |
| **go** | go | **algo** | **al**go |
| **gu** | goo | **algún** | al**goon** |
| **ge** | khe | **gente** | **khen**te |
| **gi** | khee | **giro** | **khee**ro |
| **j** | kh | **jueves** | **khwe**-bes |
| **ll** | ly | **llamo** | **lya**-mo |
| **ñ** | ny | **señor** | se-**nyor** |
| **ua** | wa | **cual** | kwal |
| **ue** | we | **vuelva** | **bwel**ba |
| **v** | b | **vuelva** | **bwel**ba |
| **z** | th | **Zaragoza** | tha-ra-**go**-tha |

**h** is silent: **hora o**-ra, **hola o**-la.
**r** is rolled and **rr** even more so.

Note that the **th** sound in **ce** and **ci** is pronounced like in the English word **thing**. Similarly, the sounds for **ge** and **gi** can be tricky to grasp. You can think of **kh** as in the English words **her** and **he**, with strong emphasis on the **h**.

# Top ten tips

1 Greet people with a '**Buenos días**' or '**Buenas tardes**' on entering a lift, as it's rude not to acknowledge them.

2 Spain is not a queuing country: people tend not to queue at bus stops. In places such as shops, banks, markets, etc., people ask '**¿quién es el último?**' which means 'who is the last one in the queue?'

3 When addressing elders or people you have been just introduced to, use the polite '**Usted**' mode of address.

4 Having a '**siesta**' in the middle of the day is no longer a common tradition. Although some shops, businesses and schools do still close for a couple of hours in the middle of the day, people are generally too busy to have a nap.

5 Taking up spare seats at a table that's already occupied is not common.

6 Spanish people do not make a habit of saying 'sorry', 'please' and 'thank you' – it is implied in the tone of voice. It is a cultural thing, so don't think they are being rude!

7 When you enter a restaurant or a home where people are eating, it's polite to say '**que aproveche**', meaning 'enjoy your meal'.

8 Spaniards may speak very loudly, and are often unaware of the fact! It is a cultural trait and does not imply anger or any other emotion.

9 Expect to be interrupted when speaking!

10 Going for '**tapas**' is a popular Spanish tradition which involves going from bar to bar and enjoying a small dish of something to accompany your drink. These little tasters are often brought as a free complement to a drink.

# Talking to people

## Hello/goodbye, yes/no

The word for Mr is **Señor** (se-**nyor**) and for Mrs/Ms **Señora** (se-**nyo**-ra).

| | |
|---|---|
| Yes | **Sí**<br>see |
| No | **No**<br>no |
| OK! | **¡Vale!**<br>i**ba**-le! |
| Thank you | **Gracias**<br>**gra**-thyas |
| Thanks very much | **Muchas gracias**<br>**moo**chas **gra**-thyas |
| Hello | **Hola**<br>**o**-la |
| Goodbye | **Adiós**<br>a-**dyos** |
| Goodnight | **Buenas noches**<br>**bwe**-nas **no**-ches |
| Good morning | **Buenos días**<br>**bwe**-nos **dee**-as |

| | |
|---|---|
| Good evening | **Buenas tardes**<br>**bwe**-nas **tar**des |
| See you later | **Hasta luego**<br>**as**ta **lwe**-go |
| Please | **Por favor**<br>por fa-**bor** |
| Don't mention it | **De nada**<br>de **na**-da |
| With pleasure! | **¡Con mucho gusto!**<br>ikon **moo**cho **goos**to! |
| Pardon? | **¿Cómo dice?**<br>¿**ko**-mo **dee**the? |
| I'm sorry | **Lo siento**<br>lo **syen**to |
| I don't know | **No sé**<br>no se |
| Sir/Mr | **Señor/Sr.**<br>se-**nyor** |
| Madam/Mrs/Ms | **Señora/Sra.**<br>se-**nyo**-ra |
| Miss | **Señorita/Srta.**<br>se-nyo-**ree**-ta |
| Excuse me!<br>(to catch attention) | **¡Oiga, por favor!**<br>i**oy**ga, por fa-**bor**! |
| Excuse me (sorry) | **Perdón**<br>pair-**don** |
| I don't understand | **No entiendo**<br>no en-**tyen**-do |

| | |
|---|---|
| Do you understand? | **¿Entiende?**<br>¿en-**tyen**-de? |
| Do you speak English? | **¿Habla inglés?**<br>¿**a**-bla een**gles**? |
| I speak very little Spanish | **Hablo muy poco español**<br>**a**-blo mwee **po**-ko es-pa-**nyol** |
| How are you? | **¿Cómo está?**<br>¿**ko**-mo es**ta**? |
| Fine, thanks | **Muy bien, gracias**<br>mwee byen, **gra**-thyas |
| And you? | **¿Y usted?**<br>¿ee oos**ted**? |



# Key phrases

When asking for something in a shop or bar, you would ask for what you want, then add **por favor**.

| | |
|---|---|
| the | **el/la/los/las**<br>el/la/los/las |
| the museum | **el museo**<br>el moo-**se**-o |
| the station | **la estación**<br>la es-ta-**thyon** |
| the shops | **las tiendas**<br>las **tyen**das |

| | |
|---|---|
| a/one (masc/fem) | **un/una**<br>oon/**oo**na |
| a ticket | **un billete**<br>oon bee-**lye**-te |
| one stamp | **un sello**<br>oon **se**-lyo |
| a room | **una habitación**<br>**oo**na a-bee-ta-**thyon** |
| one bottle | **una botella**<br>**oo**na bo-**te**-lya |
| some (masculine) | **algún/alguno/algunos**<br>al**goon**/al-**goo**-no/al-**goo**-nos |
| (feminine) | **alguna/algunas**<br>al-**goo**-na/al-**goo**-nas |
| Would you like some bread? | **¿Quiere pan?**<br>¿**kye**-re pan? |
| Do you have...? | **¿Tiene...?**<br>¿**tye**-ne...? |
| Do you have a room? | **¿Tiene una habitación?**<br>¿**tye**-ne **oo**na a-bee-ta-**thyon**? |
| I'd like... | **Querría...**<br>ke-**rree**-a... |
| We'd like... | **Querríamos...**<br>ke-**rree**-a-mos... |
| I'd like an ice cream | **Querría un helado**<br>ke-**rree**-a oon e-**la**-do |
| We'd like to visit Toledo | **Querríamos visitar Toledo**<br>ke-**rree**-a-mos bee-see-**tar** to-**le**-do |

| | |
|---|---|
| Some more bread? | **¿Más pan?**<br>¿mas pan? |
| Some more soup? | **¿Más sopa?**<br>¿mas **so**-pa? |
| Some more glasses? | **¿Más vasos?**<br>¿mas **ba**-sos? |
| Another coffee | **Otro café**<br>**o**-tro ka-**fe** |
| Another beer | **Otra cerveza**<br>**o**-tra thair-**be**-tha |
| How much is it? | **¿Cuánto es?**<br>¿**kwan**to es? |
| How much is the room? | **¿Cuánto cuesta la habitación?**<br>¿**kwan**to **kwes**ta la a-bee-ta-**thyon**? |
| large/small | **grande/pequeño**<br>**gran**de/pe-**ke**-nyo |
| with/without | **con/sin**<br>kon/seen |
| Where is...? | **¿Dónde está...?**<br>¿**don**de es**ta**...? |
| Where are...? | **¿Dónde están...?**<br>¿**don**de es**tan**...? |
| Where is the station? | **¿Dónde está la estación?**<br>¿**don**de es**ta** la es-ta-**thyon**? |
| Where are the toilets? | **¿Dónde están los aseos?**<br>¿**don**de es**tan** los a-**se**-os? |

| | |
|---|---|
| How do I get to...? | **¿Cómo se va a...?**<br>¿**ko**-mo se ba a...? |
| to the park | **al parque**<br>al **par**ke |
| to the station | **a la estación**<br>a la es-ta-**thyon** |
| to Madrid | **a Madrid**<br>a ma-**dreed** |
| There is/are... | **Hay...**<br>**a**ee... |
| There isn't/ aren't any... | **No hay...**<br>no **a**ee... |
| When...? | **¿Cuándo...?**<br>¿**kwan**do...? |
| At what time...? | **¿A qué hora...?**<br>¿a ke **o**-ra...? |
| today | **hoy**<br>oy |
| tomorrow | **mañana**<br>ma-**nya**-na |
| Can I smoke? | **¿Puedo fumar?**<br>¿**pwe**-do foo**mar**? |
| Can I taste it? | **¿Puedo probarlo?**<br>¿**pwe**-do pro-**bar**-lo? |
| How does this work? | **¿Cómo funciona esto?**<br>¿**ko**-mo foon-**thyo**-na **e**sto? |
| What does this mean? | **¿Qué significa esto?**<br>¿ke seeg-nee-**fee**-ka **e**sto? |

# Signs and notices

| | |
|---|---|
| **entrada** | entrance |
| **abierto** | open |
| **agua potable** | drinking water |
| **importe exacto** | exact amount |
| **no se admiten devoluciones** | no refunds |
| **no devuelve cambio** | no change given |
| **probadores** | changing rooms |
| **prohibido bañarse** | no bathing |
| **salida** | exit |
| **cerrado** | closed |
| **caliente** | hot |
| **frío** | cold |
| **caja** | cash desk |
| **autoservicio** | self-service |
| **tirar** | pull |
| **empujar** | push |
| **aseos** | toilets |
| **libre** | vacant |
| **ocupado** | engaged |
| **caballeros** | gents |

| | |
|---|---|
| **señoras** | ladies |
| **fuera de servicio** | out of order |
| **se aquila** | for hire/to rent |
| **se vende** | for sale |
| **rebajas** | sale |
| **sótano** | basement |
| **planta baja** | ground floor |
| **ascensor** | lift |
| **acceso a vías** | to trains |
| **habitaciones libres** | rooms available |
| **salida de emergencia** | emergency exit |
| **completo** | no vacancies |
| **seleccione** | choose |
| **mañanas** | mornings |
| **tardes** | afternoons |
| **horario** | timetable |
| **llamar** | ring |
| **pulsar** | press |
| **billetes** | tickets |
| **salidas** | departures |
| **llegadas** | arrivals |
| **información** | information |
| **privado** | private |

# Polite expressions

There are two forms of address in Spanish: polite (**usted**) and familiar (**tú**). You should always stick to the polite form until you are invited to **tutear** (use the familiar **tú**).

| | |
|---|---|
| The meal/dinner was delicious | **La comida/cena estaba deliciosa**<br>la ko-**mee**-da/**the**-na es-**ta**-ba de-lee-**thyo**-sa |
| This is a gift for you | **Esto es un regalo para usted/ustedes (ti/vosotros)**<br>**es**to es oon re-**ga**-lo pa-ra oos**ted**/oos**te**des (tee/bo-**so**-tros) |
| Thank you very much | **Muchas gracias**<br>**moo**chas **gra**-thyas |
| Pleased to meet you | **Encantado(a)**<br>en-kan-**ta**-do(a) |
| This is... | **Le presento a...**<br>le pre-**sen**-to a... |
| my husband/ wife | **mi marido/mujer**<br>mee ma-**ree**-do/moo**khair** |
| Enjoy your holiday! | **¡Que disfrute(n) de sus vacaciones!**<br>ike dees-**froo**-te(n) de soos ba-ka-**thyo**-nes! |
| Have a good trip! | **¡Buen viaje!**<br>ibwen **bya**-khe! |

# Celebrations

Traditional Christmas celebrations mainly take place on the night of **Nochebuena** (Christmas Eve). Presents are traditionally given on **el Día de Reyes** (6th January) but due to ever-increasing foreign influence some people also give presents on Christmas Day. On **Nochevieja** (New Year's Eve) people take to the streets to welcome in the New Year. After midnight they attend parties known as **cotillones**.

| | |
|---|---|
| I'd like to wish you a... | **Le(Te) deseo que pase(s) un/unas...**<br>le(te) de-**se**-o ke **pa**-se(s) oon/**oo**nas... |
| Happy Easter!/ Merry Christmas! | **¡Felices Pascuas!/ ¡Feliz Navidad!**<br>ife-**lee**-thes **pas**kwas!/ ife**leeth** na-bee-**dad**! |
| Happy New Year! | **¡Feliz Año (Nuevo)!**<br>ife**leeth a**-nyo (**nwe**-bo)! |
| Happy birthday! | **¡Feliz cumpleaños!/ ¡Felicidades!**<br>ife**leeth** koom-ple-**a**-nyos!/ ife-lee-thee-**da**-des! |

# Making friends

In this section we have used the familiar **tú** for the questions.

| FACE TO FACE |
| --- |
| **¿Cómo te llamas?**<br>¿**ko**-mo te **lya**-mas?<br>What's your name? |
| **Me llamo...**<br>me **lya**-mo...<br>My name is... |
| **¿De dónde eres?**<br>¿de **don**de **e**-res?<br>Where are you from? |
| **Soy escocés (escocesa), de Glasgow**<br>soy es-ko-**thes** (es-ko-**the**-sa), de **glas**gow<br>I'm Scottish, from Glasgow |
| **Encantado(a) de conocerte**<br>en-kan-**ta**-do(a) de ko-no-**thair**-te<br>Pleased to meet you |

| | |
| --- | --- |
| How old are you? | **¿Cuántos años tienes?**<br>¿**kwan**tos **a**-nyos **tye**-nes? |
| I'm ... years old | **Tengo ... años**<br>**ten**go ... **a**-nyos |
| Where do you live? | **¿Dónde vives?**<br>¿**don**de **bee**bes? |

| | |
|---|---|
| Where do you live? (plural) | **¿Dónde vivís?**<br>¿**don**de bee**bees**? |
| I live in London | **Vivo en Londres**<br>**bee**bo en **lon**dres |
| We live in Glasgow | **Vivimos en Glasgow**<br>bee-**bee**-mos en **glas**gow |
| England/ English | **Inglaterra/inglés(esa)**<br>een-gla-**te**-rra/een**gles**/ een-**gle**-sa |
| Scotland/ Scottish | **Escocia/escocés(esa)**<br>es-**ko**-thya/es-ko-**thes**/ es-ko-**the**-sa |
| Wales/Welsh | **Gales/galés(esa)**<br>**ga**-les/ga-**les**/ga-**le**-sa |
| Ireland/Irish | **Irlanda/irlandés(esa)**<br>eer-**lan**-da/eer-lan-**des**/ eer-lan-**de**-sa |
| USA/American | **Estados Unidos/ norteamericano(a)**<br>es-**ta**-dos oo**nee**-dos/ nor-te-a-meree **ka**-no(a) |
| Australia/ Australian | **Australia/australiano(a)**<br>ows-**tra**-lya/ows-tra-**lya**-no(a) |
| I'm still studying | **Todavía estoy estudiando**<br>toda-**bee**-a es**toy** es-too-**dyan**-do |
| I work | **Trabajo**<br>tra-**ba**-kho |
| I'm retired | **Estoy jubilado(a)**<br>es**toy** khoo-bee-**la**-do(a) |

| | |
|---|---|
| I'm... | **Estoy...**<br>es**toy**... |
| single | **soltero(a)**<br>sol-**te**-ro(a) |
| married | **casado(a)**<br>ka-**sa**-do(a) |
| divorced | **divorciado(a)**<br>dee-bor-**thya**-do(a) |
| I have... | **Tengo...**<br>**ten**go... |
| a boyfriend | **novio**<br>**no**-byo |
| a girlfriend | **novia**<br>**no**-bya |
| a partner | **pareja**<br>pa-**re**-kha |
| I have ... children | **Tengo ... hijos**<br>**ten**go ... **ee**khos |
| I have no children | **No tengo hijos**<br>no **ten**go **ee**khos |
| I'm here... | **Estoy aquí...**<br>es**toy** a-**kee**... |
| on holiday | **de vacaciones**<br>de ba-ka-**thyo**-nes |
| for work | **por razones de trabajo**<br>por ra-**tho**-nes de tra-**ba**-kho |

# Work

| | |
|---|---|
| What work do you do? | **¿En qué trabaja?**<br>¿en ke tra-**ba**-kha? |
| Do you enjoy it? | **¿Le gusta?**<br>¿le **goo**sta? |
| I'm... | **Soy...**<br>soy... |
| a doctor | **médico(a)**<br>**me**-dee-ko(a) |
| a teacher | **profesor(a)**<br>pro-fe-**sor**(a) |
| a secretary | **secretaria**<br>se-kre-**ta**-rya |
| I'm self-employed | **Soy autónomo**<br>soy ow-**to**nomo |

# Weather

| | |
|---|---|
| **los chubascos**<br>los choo-**bas**-kos | showers |
| **despejado**<br>des-pe-**kha**-do | clear |
| **la lluvia** la **lyoo**bya | rain |
| **la niebla** la **nye**-bla | fog |
| **nublado** noo-**bla**-do | cloudy |

| | |
|---|---|
| It's sunny | **Hace sol**<br>**a**-the sol |
| It's raining | **Está lloviendo**<br>es**ta** lyo-**byen**-do |
| It's snowing | **Está nevando**<br>es**ta** ne-**ban**-do |
| It's windy | **Hace viento**<br>**a**-the **byen**to |
| What a lovely day! | **¡Qué día más bueno!**<br>ike **dee**-a mas **bwe**-no! |
| What awful weather! | **¡Qué tiempo tan malo!**<br>ike **tyem**po tan **ma**-lo! |
| What will the weather be like tomorrow? | **¿Qué tiempo hará mañana?**<br>¿ke **tyem**po a-**ra** ma-**nya**-na? |

| | |
|---|---|
| Do you think it's going to rain? | **¿Cree que va a llover?**<br>¿**kre**-e ke ba a lyo-**bair**? |
| It's very hot | **Hace mucho calor**<br>**a**-the **moo**cho ka-**lor** |
| Do you think there will be a storm? | **¿Cree que va a haber tormenta?**<br>¿**kre**-e ke ba a a-**bair** tor-**men**-ta? |
| Do you think it will snow? | **¿Le parece que va a nevar?**<br>¿le pa-**re**-the ke ba a ne-**bar**? |
| What is the temperature? | **¿Qué temperatura hace?**<br>¿ke tem-pe-ra-**too**-ra **a**-the? |

# Getting around

## Asking the way

| | |
|---|---|
| **enfrente (de)**<br>en-**fren**-te (de) | opposite (to) |
| **al lado de** al **la**-do de | next to |
| **cerca de** **thair**ka de | near to |
| **el semáforo**<br>el se-**ma**-fo-ro | traffic lights |
| **en la esquina**<br>en la es-**kee**-na | at the corner |

**FACE TO FACE**

**Oiga, señor/señora, ¿cómo se va a la estación?**
**oy**ga, se-**nyor**/se-**nyo**-ra, ¿**ko**-mo se ba a la es-ta-**thyon**?
Excuse me, how do I get to the station?

**Siga recto, después de la iglesia gire a la derecha/izquierda**
**see**ga **rek**to, des**pwes** de la ee-**gle**-sya **khee**re a la de-**re**-cha/eeth-**kyair**-da
Keep straight on, after the church turn right/left

**¿Está lejos?**
¿es**ta le**-khos?
Is it far?

**No, a doscientos metros/cinco minutos**
no, a dos-**thyen**-tos **me**-tros/**theen**ko mee-**noo**-tos
No, 200 metres/five minutes

**Gracias!**
**gra**-thyas!
Thank you!

**De nada**
de **na**-da
You're welcome

| | |
|---|---|
| We're looking for... | **Estamos buscando...**<br>es-**ta**-mos boos-**kan**-do... |
| Is it far? | **¿Está lejos?**<br>¿es**ta le**-khos? |
| Can I/we walk there? | **¿Se puede ir andando?**<br>¿se **pwe**-de eer an-**dan**-do? |
| How do I/we get to the centre of (name of town)? | **¿Cómo se va al centro de...?**<br>¿**ko**-mo se ba al **then**tro de...? |
| We're lost | **Nos hemos perdido**<br>nos **e**-mos pair-**dee**-do |
| Can you show me where it is on the map? | **¿Puede indicarme dónde está en el mapa?**<br>¿**pwe**-de een-dee-**kar**-me **don**de es**ta** en el **ma**-pa? |

| YOU MAY HEAR... | |
|---|---|
| **Después de pasar el puente**<br>des**pwes** de pa-**sar** el **pwen**te | After passing the bridge |
| **Gire a la izquierda/ derecha**<br>**khee**re a la eeth-**kyair**-da/ de-**re**-cha | Turn left/right |
| **Siga todo recto hasta llegar a...**<br>**see**ga **to** do **rek**to **as**ta lye-**gar** a... | Keep straight on until you get to... |



# Bus and coach

The word for bus is **el autobús** but a coach is **el autocar**. A **bonobús** card is usually valid for 10 journeys and must be stamped on board the bus. **Bonobús** is the general term for a travel card but some cities have a different name for these (Madrid = **metrobús**, Barcelona = **T-10**). Public transport is usually free for children under 4. In most cities, children over 4 pay the full adult fare, with the occasional discount if you have purchased a tourist pass.

**FACE TO FACE**

**Oiga, ¿qué autobús va al centro?**
**oy**ga, ¿ke ow-to-**boos** ba al **then**tro?
Excuse me, which bus goes to the centre?

**El número quince**
el **noo**-me-ro **keen**the
Number fifteen

**¿Dónde está la parada?**
¿**don**de es**ta** la pa-**ra**-da?
Where is the bus stop?

**Allí, a la derecha**
a-**lyee,** a la de-**re**-cha
There, on the right

**¿Dónde puedo comprar un bonobús?**
¿**don**de **pwe**-do kom**prar** oon bo-no-**boos**?
Where can I buy a bonobus card?

**En el kiosko**
en el kee-**os**-ko
At the news-stand

| | |
|---|---|
| Is there a bus to...? | **¿Hay algún autobús que vaya a...?**<br>¿**a**ee al**goon** ow-to-**boos** ke **ba**-ya a...? |
| Where do I catch the bus to...? | **¿Dónde se coge el autobús para...?**<br>¿**don**de se **ko**-khe el ow-to-**boos** pa-ra...? |

| | |
|---|---|
| to the centre | **al centro**<br>al **then**tro |
| to the beach | **a la playa**<br>a la **pla**-ya |
| to the airport | **al aeropuerto**<br>al a-e-ro-**pwair**-to |
| to Toledo | **a Toledo**<br>a to-**le**-do |
| How often are the buses to...? | **¿Cada cuánto hay autobuses a...?**<br>¿**ka**-da **kwan**to **a**ee ow-to-**boo**-ses a...? |
| When is the first/the last bus to...? | **¿Cuándo sale el primer/ el último autobús para...?**<br>¿**kwan**do **sa**-le el pree**mair**/el **ool**-tee-mo ow-to **boos** pa-ra...? |
| Please tell me when to get off | **Por favor, ¿me dice cuándo tengo que bajarme?**<br>por fa-**bor**, ¿me **dee**the **kwan**do **ten**go ke ba-**khar**-me? |
| A child's ticket | **Un billete de niño**<br>oon bee-**lye**-te de **neen**yo |
| coach | **económica**<br>e-ko-**no**-meeka |
| shuttle bus | **el bus lanzadera**<br>**boos** lan-tha-**de**ra |

| YOU MAY HEAR... | |
|---|---|
| **Este autobús no para en...**<br>**es**te ow-to-**boos** no pa-ra en... | This bus doesn't stop in... |
| **Tiene que coger el...**<br>**tye**-ne ke ko-**khair** el... | You have to catch the... |



# Metro

You can buy **un billete múltiple** (known as **metrobús** in Madrid or **T-10** in Barcelona), which is valid for 10 journeys. Alternatively, you can buy **un abono de transporte**, which covers a month's travel on bus and metro. Barcelona, Bilbao, Madrid, Málaga, Palma de Mallorca, Seville and Valencia are currently the only Spanish cities with a metro system.

| | |
|---|---|
| **la entrada** la en-**tra**-da | entrance |
| **la salida** la sa-**lee**-da | way out/exit |

| | |
|---|---|
| Where is the nearest metro station? | **¿Dónde está la estación de metro más cercana?**<br>¿**don**de es**ta** la es-ta-**thyon** de **me**-tro mas thair-**ka**-na? |

| | |
|---|---|
| A metrobus ticket please | **Un metrobús, por favor**<br>oon me-tro-**boos** por fa-**bor** |
| Do you have a map of the metro? | **¿Tiene un plano del metro?**<br>¿**tye**-ne oon **pla**-no del **me**-tro? |
| How do I/we get to...? | **¿Cómo se va a...?**<br>¿**ko**-mo se ba a...? |
| Do I have to change? | **¿Tengo que cambiar de línea?**<br>¿**ten**go ke kam**byar** de **lee**-ne-a? |
| What is the next stop? | **¿Cuál es la próxima parada?**<br>¿kwal es la **prok**-see-ma pa **ra**-da? |

# Train

High-speed train tickets can seem a bit confusing. On an **AVE** train there are three travel classes: **Club** (equivalent to business class), **Preferente** (also equivalent to business class) and **Turista** (equivalent to economy class). Then, there are four types of fares that apply to each class: **Promo** (the fare with the most restrictions), **Promo+** (which offers big discounts), **Tarifa 4 Mesa** (for four people travelling together and sharing seats around the same table) and **Flexible** (the fare with the least number of restrictions). A useful website is **www.renfe.es**.

| | |
|---|---|
| **sencillo** sen-**thee**-lyo | single/one-way |
| **ida y vuelta**<br>**ee**da ee **bwel**ta | return |
| **el horario** el o-**ra**-ryo | timetable |
| **salidas** sa-**lee**-das | departures |
| **llegadas** lye-**ga**-das | arrivals |
| **diario** dee-**a**-ryo | daily |
| **el billete electrónico**<br>el bee-**lye**-te e-lek-**tro**-neeko | e-ticket |
| **la reserva electrónica**<br>la re-**sair**-ba<br>e-lek-**tro**-neeka | e-booking |
| **el andén** el an**den** | platform |

**FACE TO FACE**

**¿A qué hora es el próximo tren para...?**
¿a ke **o**-ra es el **prok**-see-mo tren pa-ra...?
When is the next train to...?

**A las cinco y diez**
a las **theen**ko ee dyeth
At 17.10

**Querría tres billetes, por favor**
ke-**rree**-a tres bee-**lye**-tes, por fa-**bor**
I'd like three tickets, please

**¿Sencillos o de ida y vuelta?**
¿sen-**thee**-lyos o de **ee**da ee **bwel**ta?
Single or return?

| | |
|---|---|
| Where is the station? | **¿Dónde está la estación?**<br>¿**don**de es**ta** la es-ta-**thyon**? |
| Two return tickets to... | **Dos billetes de ida y vuelta a...**<br>dos bee-**lye**-tes de **ee**da ee **bwel**ta a... |
| A single to... | **Un billete de ida a...**<br>oon bee-**lye**-te de **ee**da a... |
| Tourist class | **De clase turista**<br>de **kla**-se too-**rees**-ta |
| Is there a supplement to pay? | **¿Hay que pagar suplemento?**<br>¿**a**ee ke pa-**gar** soo-ple-**men**-to? |
| I would like a ticket on the AVE to Seville | **Querría un billete en el AVE a Sevilla**<br>ke-**rree**-a oon bee-**lye**-te en el **a**-be a se-**bee**-lya |
| When is the first/ last train to...? | **¿Cuándo es el primer/último tren para...?**<br>¿**kwan**do es el pree**mair**/ el **ool**-tee-mo tren pa-ra...? |
| Do I have to change? | **¿Tengo que hacer transbordo?**<br>¿**ten**go ke a-**thair** trans-**bor**-do? |
| Where? | **¿Dónde?**<br>¿**don**de? |
| Which platform does it leave from? | **¿De qué andén sale?**<br>¿de ke an**den sa**-le? |
| Is this the train for...? | **¿Es este el tren para...?**<br>¿es **es**te el tren pa-ra...? |

| | |
|---|---|
| When will it leave? | **¿Cuándo saldrá?**<br>¿**kwan**do sal**dra**? |
| Does the train stop at...? | **¿Para el tren en...?**<br>¿**pa**-ra el tren en...? |
| When does it arrive in...? | **¿Cuándo llega a...?**<br>¿**kwan**do **lye**-ga a...? |
| Please let me know when we get to... | **Por favor, ¿me avisa cuando lleguemos a...?**<br>por fa-**bor**, ¿me a-**bee**-sa **kwan**do lye-**ge**-mos a...? |
| Is this free? (seat) | **¿Está libre?**<br>¿es**ta lee**bre? |
| Excuse me | **¡Perdón!**<br>¡pair**don**! |
| I booked online | **Lo reservé por internet**<br>lo re-sair-**be** por **een**-ter-net |

# Taxi

In most places, taxis are plentiful, reliable and not very expensive. The meter should be running unless there is a fixed fare (as is the case from some airports). Fare supplements may be added to the meter price for journeys at night, at weekends or for station/airport departures. Prices should be displayed on the inside window of the taxi.

| | |
|---|---|
| I need a taxi | **Necesito un taxi**<br>ne-the-**see**-to oon **tak**see |
| Where is the taxi stand? | **¿Dónde está la parada de taxis?**<br>¿**don**de es**ta** la pa-**ra**-da de **tak**sees? |
| straightaway | **enseguida**<br>en-se-**gee**-da |
| for (time) | **para las...**<br>pa-ra las... |
| How much is the taxi fare...? | **¿Cuánto cuesta ir en taxi...?**<br>¿**kwan**to **kwes**ta eer en **tak**see...? |
| into town | **al centro**<br>al **then**tro |
| to the hotel | **al hotel**<br>al o **tel** |
| to the station | **a la estación**<br>a la es-ta-**thyon** |
| to the airport | **al aeropuerto**<br>al a-e-ro-**pwair**-to |
| to this address | **a esta dirección**<br>a **es**ta dee-rek-**thyon** |
| Please take me/ us to... | **¿Me/Nos lleva a ... por favor?**<br>¿me/nos **lye**-ba a ... por fa-**bor**? |
| Keep the change | **Quédese con la vuelta**<br>**ke**-de-se kon la **bwel**ta |
| Sorry, I don't have any change | **Lo siento, no tengo nada de cambio**<br>lo **syen**to, no **ten**go **na**-da de **kam**byo |

# Boat and ferry

| | |
|---|---|
| **la travesía**<br>la tra-be-**see**-a | crossing |
| **el crucero** el kroo-**the**-ro | cruise |
| **el camarote**<br>el ka-ma-**ro**-te | cabin |

| | |
|---|---|
| When is the next boat/ferry to...? | **¿Cuándo sale el próximo barco/ferry para...?**<br>¿**kwan**do **sa**-le el **prok**-see-mo **bar**ko/**fe**rry pa-ra...? |
| Have you a timetable? | **¿Tienen un horario?**<br>¿**tye**-nen oon o-**ra**-ryo? |
| Is there a car ferry to...? | **¿Hay ferry para coches a...?**<br>¿**a**ee **fe**rry pa-ra **ko**-ches a...? |
| How much is a ticket...? | **¿Cuánto cuesta el billete...?**<br>¿**kwan**to **kwes**ta el bee-**lye**-te...? |
| single | **sencillo/de ida**<br>sen-**thee**-lyo/de **ee**da |
| return | **de ida y vuelta**<br>de **ee**da ee **bwel**ta |
| How much is the crossing for a car and ... people? | **¿Cuánto cuesta un pasaje para ... personas y un coche?**<br>¿**kwan**to **kwes**ta oon pa-**sa**-khe pa-ra ... pair-**so**-nas ee oon **ko**-che? |

| | |
|---|---|
| How long is the journey? | **¿Cuánto dura el viaje?**<br>¿**kwan**to **doo**ra el **bya**-khe? |
| What time do we get to...? | **¿A qué hora llegamos a...?**<br>¿a ke **o**-ra lye-**ga**-mos a...? |
| Where does the boat leave from? | **¿De dónde sale el barco?**<br>¿de **don**de **sa**-le el **bar**ko? |
| When is the first/ the last boat? | **¿Cuándo sale el primer/ el último barco?**<br>¿**kwan**do **sa**-le el pree**mair**/ el **ool**-tee-mo **bar**ko? |

# Air travel

The top three major Spanish airports are Aeropuerto **Adolfo Suárez Madrid-Barajas**, Aeropuerto **Barcelona-El Prat** and Aeropuerto **de Palma de Mallorca**.

| | |
|---|---|
| How do I get to the airport? | **¿Cómo se va al aeropuerto?**<br>¿**ko**-mo se ba al a-e-ro-**pwair**-to? |
| To the airport, please | **Al aeropuerto, por favor**<br>al a-e-ro-**pwair**-to, por fa-**bor** |
| Is there a bus to the airport? | **¿Hay algún autobús al aeropuerto?**<br>¿**a**ee al**goon** ow-to-**boos** al a-e-ro-**pwair**-to? |
| How do I/we get to the centre of...? | **¿Cómo se va al centro de...?**<br>¿**ko**-mo se ba al **then**tro de...? |

| | |
|---|---|
| Where is the luggage for the flight from...? | **¿Dónde está el equipaje del vuelo de...?**<br>¿**don**de es**ta** el e-kee-**pa**-khe del **bwe**-lo de...? |
| Where can I print my ticket? | **¿Dónde puedo imprimir el billete?**<br>¿**don**de **pwe**-do eem-pree-**meer** el bee-**lye**-te? |
| I have my boarding pass on my smartphone | **Llevo la tarjeta de embarque en el móvil**<br>**lye**-vo la tar-**khe**-ta de em-**bar**-ke en el **mo**-beel |
| checked luggage | **el equipaje facturado**<br>el e-kee-**pa**-khe fak-too-**ra**do |
| hand luggage | **el equipaje de mano**<br>el e-kee-**pa**-khe de **ma**-no |

| YOU MAY HEAR... | |
|---|---|
| **El embarque se efectuará por la puerta número...**<br>el em-**bar**-ke se e-fek-twa-**ra** por la **pwair**ta **noo**-me-ro... | Boarding will take place at gate number... |
| **Última llamada para los pasajeros del vuelo...**<br>**ool**-tee-ma lya-**ma**-da pa-ra los pa-sa-**khe**-ros del **bwe**-lo... | Last call for passengers on flight number... |

| | |
|---|---|
| **Su vuelo sale con retraso**<br>soo **bwe**-lo **sa**-le kon re-**tra**-so | Your flight is delayed |
| **Líquidos prohibidos**<br>**lee**-kee-dos pro-ee-**bee**-dos | No liquids |
| **Su equipaje supera el peso máximo**<br>soo e-kee-**pa**-khe soo-**pe**ra el **pe**-so **mak**-see-mo | Your luggage exceeds the maximum weight |



# Customs control

Flights between countries belonging to the **Schengen Agreement** are considered as domestic. Passengers taking those flights will not be subject to immigration controls on arrival or departure. The UK is not part of this, so arrivals from the UK are subject to immigration controls.

| | |
|---|---|
| **la UE** la oo eh | the EU |
| **la aduana** la a-doo-**a**-na | customs control |
| **el pasaporte**<br>el pa-sa-**por**-te | passport |

| | |
|---|---|
| Do I have to pay duty on this? | **¿Tengo que pagar derechos de aduana por esto?**<br>¿**ten**go ke pa**gar** de-**re**-chos de a-doo-**a**-na por **es**to? |
| It is for my own personal use | **Es para uso personal**<br>es pa-ra **oo**so pair-so-**nal** |
| We are on our way to... (if in transit through a country) | **Estamos aquí de paso, vamos a...**<br>es-**ta**-mos a-**kee** de **pa**-so, **ba**-mos a... |

# Car hire

Car rental companies in Spain can set a minimum age for hiring a car (usually 21 or 23, depending on the company and type of vehicle). When you go to hire the car, most companies will ask for a valid credit card where a temporary deposit will be charged.

| | |
|---|---|
| **el permiso de conducir**<br>el pair-**mee**-so de kon-doo-**theer** | driving licence |
| **el seguro** el se-**goo**-ro | insurance |
| **la marcha atrás**<br>la **mar**cha a-**tras** | reverse gear |

| | |
|---|---|
| I want to hire a car | **Querría alquilar un coche**<br>ke-**rree**-a al-kee-**lar** oon **ko**-che |
| for ... days/the weekend | **para ... días/el fin de semana**<br>pa-ra ... **dee**as/el feen de se-**ma**-na |
| What are your rates...? | **¿Qué tarifas tienen...?**<br>¿ke ta-**ree**-fas **tye**-nen...? |
| per day | **por día**<br>por **dee**a |
| per week | **por semana**<br>por se-**ma**-na |
| Is there a mileage (km) charge? | **¿Hay que pagar kilometraje?**<br>¿**a**ee ke pa-**gar**<br>kee-lo-me-**tra**-khe? |
| How much? | **¿Cuánto?**<br>¿**kwan**to? |
| Is fully comprehensive insurance included in the price? | **¿El seguro a todo riesgo va incluido en el precio?**<br>¿el se-**goo**-ro a **to**-do **ryes**go ba een-kloo-**ee**-do en el **pre**-thyo? |
| Do I have to return the car here? | **¿Tengo que devolver el coche aquí mismo?**<br>¿**ten**go ke de-bol-**bair** el **ko**-che a-**kee mees**mo? |
| By what time? | **¿Para qué hora?**<br>¿pa-ra ke **o**-ra? |
| I'd like to leave it in... | **Quisiera dejarlo en...**<br>kee-**sye**-ra de-**khar**-lo en... |

| | |
|---|---|
| Can you show me how the controls work? | **¿Me enseña cómo funcionan los mandos?**<br>¿me en-**se**-nya **ko**-mo foon-**thyo**-nan los **man**dos? |

| YOU MAY HEAR... | |
|---|---|
| **Por favor, devuelva el coche con el depósito lleno**<br>por fa-**bor**, de-**bwel**ba el **ko**-che kon el de-**po**-see-to **lye**-no | Please return the car with a full tank |

# Driving

The speed limits in Spain are 30 km/h or 50 km/h in built-up areas, 90 km/h on ordinary roads and 120 km/h on **autovías** (dual carriageways) and **autopistas** (motorways). Most motorways are toll paying (**de peaje**). Payment is due on completion of each section. Be aware of the existence of **radares de velocidad** (speed cameras/checkers) located throughout the country.

| | |
|---|---|
| Can I/we park here? | **¿Se puede aparcar aquí?**<br>¿se **pwe**-de a-par-**kar** a-**kee**? |

| | |
|---|---|
| How do I/we get to the motorway? | **¿Por dónde se va a la autopista?**<br>¿por **don**de se ba a la ow-to-**pee**-sta? |
| Which junction is it for...? | **¿Cuál es la salida de...?**<br>¿kwal es la sa-**lee**-da de...? |

# Petrol

Unleaded petrol pumps are always coloured **green**. Diesel petrol pumps are always coloured **black**. You will find manned and unmanned petrol stations.

| | |
|---|---|
| **sin plomo** seen **plo**-mo | unleaded |
| **gasoil/gasóleo**<br>ga-**soyl**/ga-**so**-le-o | diesel |
| **el surtidor**<br>el soor-tee-**dor** | petrol pump |

| | |
|---|---|
| Is there a petrol station near here? | **¿Hay una estación de servicio por aquí cerca?**<br>¿**a**ee **oo**na es-ta-**thyon** de sair-**bee**-thyo por a-**kee thair**ka? |
| Fill it up, please | **Lleno, por favor**<br>**lye**-no, por fa-**bor** |
| Can you check the oil/the water? | **¿Me revisa el aceite/el agua?**<br>¿me re-**bee**-sa el a-**they**-te/el **a**-gwa? |

| | |
|---|---|
| 20 euros worth of unleaded petrol | **20 euros de gasolina sin plomo**<br>**beyn**te **eoo**-ros de ga-so-**lee**-na seen **plo**-mo |
| Can you check the tyre pressure, please? | **¿Me revisa la presión de los neumáticos, por favor?**<br>¿me re-**bee**-sa la pre-**syon** de los neoo-**ma**-tee-kos, por fa-**bor**? |

| YOU MAY HEAR... | |
|---|---|
| **¿Qué surtidor ha usado?**<br>¿ke soor-tee-**dor** a oo-**sa**-do? | Which pump did you use? |



# Breakdown

The main breakdown company in Spain is **RACE**. If you have an accident, dial 112, the free emergency number.

| | |
|---|---|
| Can you help me? | **¿Puede ayudarme?**<br>¿**pwe**-de a-yoo-**dar**-me? |
| My car has broken down | **Se me ha averiado el coche**<br>se me a a-be-**rya**-do el **ko**-che |
| I've run out of petrol | **Me he quedado sin gasolina**<br>me e ke-**da**-do seen ga-so-**lee**-na |
| Is there a garage near here? | **¿Hay un taller por aquí cerca?**<br>¿**a**ee oon ta-**lyair** por a-**kee thair**ka? |

| | | |
|---|---|---|
| I've got a flat tyre | **Tengo una rueda pinchada** | **ten**go **oo**na **rwe**-da peen-**cha**-da |
| Do you have parts for a (make of car)? | **¿Tiene repuestos para el...?** | ¿**tye**-ne re-**pwes**-tos pa-ra el...? |
| Can you replace...? | **¿Me puede cambiar...?** | ¿me **pwe**-de kam**byar**...? |

# Car parts

| | | |
|---|---|---|
| The ... doesn't work | **El/La ... no funciona** | el/la ... no foon-**thyo**-na |
| The ... don't work | **Los/Las ... no funcionan** | los/las ... no foon-**thyo**-nan |

| | | |
|---|---|---|
| accelerator | **el acelerador** | a-the-le-ra-**dor** |
| battery | **la batería** | ba-te-**ree**-a |
| bonnet | **el capó** | ka-**po** |
| brakes | **los frenos** | **fre**-nos |
| choke | **el estárter** | es-**tar**-tair |
| clutch | **el embrague** | em-**bra**-ge |
| distributor | **el distribuidor** | dees-tree-bwee-**dor** |
| engine | **el motor** | mo-**tor** |
| exhaust pipe | **el tubo de escape** | **too**bo de es-**ka**-pe |
| fuse | **el fusible** | foo-**see**-ble |

| | | |
|---|---|---|
| gears | **las marchas** | **mar**chas |
| GPS | **el GPS** | xe-pe-**e**se |
| handbrake | **el freno de mano** | **fre**-no de **ma**-no |
| headlights | **los faros** | **fa**-ros |
| ignition | **el encendido** | en-then-**dee**-do |
| indicator | **el intermitente** | een-tair-mee-**ten**-te |
| points | **los platinos** | pla-**tee**-nos |
| radiator | **el radiador** | ra-dya-**dor** |
| rear lights | **los pilotos** | pee-**lo**-tos |
| seat belt | **el cinturón de seguridad** | theen-too-**ron** de se-goo-ree-**dad** |
| spare wheel | **la rueda de repuesto** | **rwe**-da de re-**pwes**-to |
| spark plugs | **las bujías** | boo-**khee**-as |
| steering | **la dirección** | dee-rek-**thyon** |
| steering wheel | **el volante** | bo-**lan**-te |
| tyre | **el neumático** | neoo-**ma**-tee-ko |
| wheel | **la rueda** | **rwe**-da |
| windscreen | **el parabrisas** | pa-ra-**bree**-sas |
| windscreen washer | **el lavapara-brisas** | la-ba-pa-ra-**bree**-sas |
| windscreen wiper | **el limpiapara-brisas** | leem-pya-pa-ra-**bree**-sas |

# Road signs

PELIGRO

danger

CURVAS PELIGROSAS

dangerous bends

libre

spaces

completo

full

CEDA EL PASO

give way

north

Norte

west Oeste

Este east

Sur

south

NO APARCAR

no parking

NO ESTACIONAR

no stopping

SENTIDO ÚNICO

one way

end of right of way

AUTOVÍA

dual carriageway

AUTOPISTA

motorway

# Staying somewhere

## Hotel (booking)



**FACE TO FACE**

**Querría reservar una habitación individual/doble**
ke-**rree**-a re-sair-**bar oo**na a-bee-ta-**thyon**
een-dee-bee-**dwal**/**do** ble
I'd like to book a single/double room

**¿Para cuántas noches?**
¿pa-ra **kwan**tas **no**-ches?
For how many nights?

**Para una noche/...noches; del ... al...**
pa-ra **oo**na **no**-che/...**no**-ches; del ... al...
For one night/...nights; from ... till...

| | |
|---|---|
| Do you have a room for tonight? | **¿Tiene una habitación para esta noche?**<br>¿**tye**-ne **oo**na a-bee-ta-**thyon** pa-ra **es**ta **no**-che? |
| double | **doble**<br>**do** ble |
| single | **individual**<br>een-dee-bee-**dwal** |

| | |
|---|---|
| with bath | **con baño**<br>kon **ba**nyo |
| with shower | **con ducha**<br>kon **doo**cha |
| with a double bed | **con cama de matrimonio**<br>kon **ka**-ma de ma-tree-**mo**-nyo |
| with twin beds | **con dos camas**<br>kon dos **ka**-mas |
| with a cot | **con una cuna**<br>kon **oo**na **koo**na |
| How much is it...? | **¿Qué precio tiene...?**<br>¿ke **pre**-thyo **tye**-ne...? |
| per night | **por noche**<br>por **no**-che |
| per week | **por semana**<br>por se-**ma**-na |
| for half board | **con media pensión**<br>kon **me**-dya pen**syon** |
| for full board | **con pensión completa**<br>kon pen**syon** kom-**ple**-ta |
| with breakfast | **con desayuno**<br>kon de-sa-**yoo**-no |
| Is there room service? | **¿Hay servicio de habitaciones?**<br>¿**a**ee sair-**bee**-thyo de a-bee-ta-**thyo**-nes? |
| Do you have any bedrooms on the ground floor? | **¿Tienen alguna habitación en la planta baja?**<br>¿**tye**-nen al-**goo**-na a-bee-ta**thyon** en la **plan**ta **ba**-kha? |

| YOU MAY HEAR... | |
|---|---|
| **Está todo ocupado**<br>es**ta to**-do o-koo-**pa**-do | We're full |
| **¿Para cuántas noches?**<br>¿pa-ra **kwan**tas **no**-ches? | For how many nights? |
| **¿Su nombre, por favor?**<br>¿soo **nom**bre, por fa-**bor**? | Your name, please? |
| **Por favor confírmelo por email** por fa-**bor** kon-**feer**-me-lo por ee**meyl** | Please confirm by e-mail |
| **por teléfono**<br>por te-**le**-fo-no | by phone |



# Hotel desk

You may be required to fill in a registration form and give your passport number.

| | |
|---|---|
| I booked a room... | **Tengo una habitación reservada...**<br>**ten**go **oo**na a-bee-ta-**thyon** re-sair-**ba**-da... |
| in the name of... | **a nombre de...**<br>a **nom**bre de... |
| Where can I park the car? | **¿Dónde puedo aparcar el coche?**<br>¿**don**de **pwe**-do a-par-**kar** el **ko**-che? |

| | |
|---|---|
| Are there any toilets for disabled people? | **¿Hay aseos para discapacitados?**<br>¿**a**ee a-**se**-os pa-ra dees-ka-pa-thee-**ta**-dos? |
| What time is...? | **¿A qué hora es...?**<br>¿a ke **o**-ra es...? |
| dinner | **la cena**<br>la **the**-na |
| breakfast | **el desayuno**<br>el de-sa-**yoo**-no |
| Can I have the key for room number...? | **¿Me da la llave de la habitación...?**<br>¿me da la **lya**-be de la a-bee-ta-**thyon**...? |
| I'm leaving tomorrow | **Me voy mañana**<br>me boy ma-**nya**-na |
| Where is the lift? | **¿Dónde está el ascensor?**<br>¿**don**de es**ta** el as-then-**sor**? |
| I reserved the room(s) online | **Reservé la habitación (las habitaciones) por internet**<br>re-sair-**be** la a-bee-ta-**thyon** (las a-bee-ta-**thyo**nes) por **een**-ter-net |
| Does the price include breakfast? | **¿El desayuno está incluido en el precio?**<br>¿el de-sa-**yoo**-no es**ta** een-kloo-**ee**-do en el **pre**-thyo? |
| Is there a hotel restaurant/bar? | **¿Hay un restaurante/bar en el hotel?**<br>¿**a**ee oon res-tow-**ran**-te/bar en el o-**tel**? |

# Camping

Local tourist offices should have **una guía de campings** (a campsite guide) with prices.

| | |
|---|---|
| Is there a restaurant on the campsite? | **¿Hay restaurante en el camping?**<br>¿**a**ee res-tow-**ran**-te en el **kam**peen? |
| Do you have any vacancies? | **¿Tienen plazas libres?**<br>¿**tye**-nen **pla**-thas **lee**bres? |
| Is hot water included in the price? | **¿El agua caliente va incluida en el precio?**<br>¿el **a**-gwa ka-**lyen**-te ba een-kloo-**ee**-da en el **pre**-thyo? |
| We'd like to stay for ... nights | **Quisiéramos quedarnos ... noches**<br>kee-**sye**-ra-mos ke-**dar**-nos **no**-ches |
| How much is it per night...? | **¿Cuánto cuesta por noche...?**<br>¿**kwan**to **kwes**ta por **no**-che...? |
| for a tent | **por tienda**<br>por **tyen**da |
| per person | **por persona**<br>por pair-**so**-na |

# Self-catering

If you arrive with no accommodation and want to go self-catering, look for signs **Alquiler de Apartamentos** (apartments for rent).

| | |
|---|---|
| Who do we contact if there are problems? | **¿A quién avisamos si hay algún problema?**<br>¿a kyen a-bee-**sa**-mos see **a**ee al**goon** pro-**ble**-ma? |
| How does the heating work? | **¿Cómo funciona la calefacción?**<br>¿**ko**-mo foon-**thyo**-na la ka-le-fak-**thyon**? |
| Where is the nearest supermarket? | **¿Dónde está el supermercado más cercano?**<br>¿**don**de es**ta** el soo-pair-mair-**ka**-do mas thair-**ka**-no? |
| Where do we leave the rubbish? | **¿Dónde se deja la basura?**<br>¿**don**de se **de**-kha la ba-**soo**-ra? |
| recycling | **el reciclaje**<br>el re-**thee**-kla-khe |

# Shopping

## Shopping phrases

Most shops close for lunch around 1.30 p.m. to 5 p.m. and stay open till about 8 p.m. Department stores remain open all day.

| YOU MAY HEAR... | |
|---|---|
| **¿Qué desea?**<br>¿ke de-**se** a? | Can I help you? |
| **Por supuesto, aquí tiene**<br>por soo-**pwes**-to, a-**kee tye**-ne | Certainly, here you are |
| **¿Algo más?** ¿**al**go mas? | Anything else? |

| | |
|---|---|
| Where can I buy...? | **¿Dónde puedo comprar...?**<br>¿**don**de **pwe**-do kom**prar**...? |
| Do you have...? | **¿Tiene...?**<br>¿**tye**-ne...? |
| toys | **juguetes**<br>khoo-**ge**-tes |
| gifts | **regalos**<br>re-**ga**-los |

| | |
|---|---|
| Which floor are shoes on? | **¿En qué planta están los zapatos?**<br>¿en ke **plan**ta es**tan** los tha-**pa**-tos? |
| It's too expensive for me | **Me resulta demasiado caro**<br>me re-**sool**-ta de-ma-**sya**-do **ka**-ro |
| Have you anything else? | **¿No tiene otra cosa?**<br>¿no **tye**-ne **o**-tra **ko**-sa? |



# Shops

| | |
|---|---|
| **liquidación/rebajas**<br>lee-kee-da-**thyon**/ re-**ba**-khas | sale/reductions |
| **hoy abierto hasta las...**<br>hoy a-**byair**-to **as**ta las... | open today till... |

| | | |
|---|---|---|
| baker's | **la panadería** | pa-na-de-**ree**-a |
| butcher's | **la carnicería** | kar-nee-the-**ree**-a |
| cake shop | **la pastelería/ confitería** | pas-te-le-**ree**-a/ kon-fee-te-**ree**-a |
| clothes (women's) | **la ropa de señora** | **ro**-pa de se-**nyo**-ra |
| clothes (men's) | **la ropa de caballero** | **ro**-pa de ka-ba-**lye**-ro |

| | | |
|---|---|---|
| clothes (children's) | **la ropa de niños** | **ro**-pa de **neen**yos |
| computers | **la informática** | een-for-**ma**-tee-ka |
| fishmonger's | **la pescadería** | pes-ka-de-**ree**-a |
| gifts | **los regalos** | re-**ga**-los |
| greengrocer's | **la frutería** | froo-te-**ree**-a |
| hairdresser's | **la peluquería** | pe-loo-ke-**ree**-a |
| jeweller's | **la joyería** | kho-ye-**ree**-a |
| pharmacy | **la farmacia** | far-**ma**-thya |
| shoe shop | **la zapatería** | tha-pa-te-**ree**-a |
| souvenir shop | **la tienda de recuerdos** | **tyen**da de re-**kwer**-dos |
| sports | **los deportes** | de-**por**-tes |
| supermarket | **el supermercado** | soo-pair-mair-**ka**-do |
| tobacconist's | **el estanco** | es-**tan**-ko |
| toys | **los juguetes** | khoo-**ge**-tes |

# Food (general)

| | | |
|---|---|---|
| biscuits | **las galletas** | ga-**lye**-tas |
| bread | **el pan** | pan |
| bread (wholemeal) | **el pan integral** | pan een-te-**gral** |
| bread roll | **el panecillo** | pa-ne-**thee**-lyo |
| butter | **la mantequilla** | man-te-**kee**-lya |

| | | |
|---|---|---|
| cereal | **los cereales** | the-re-**a**-les |
| cheese | **el queso** | **ke**-so |
| chicken | **el pollo** | **po**-lyo |
| coffee (instant) | **el café (instantáneo)** | ka-**fe** (eens-tan-**ta**-ne-o) |
| cream | **la nata** | **na**-ta |
| crisps | **las patatas fritas** | pa-**ta**-tas **free**-tas |
| eggs | **los huevos** | **we**-bos |
| flour | **la harina** | a-**ree**-na |
| ham (cooked) | **el jamón (de) York** | kha-**mon** (de) york |
| ham (cured) | **el jamón serrano** | kha-**mon** se-**rra**-no |
| herbal tea | **la infusión** | een-foo-**syon** |
| honey | **la miel** | myel |
| jam | **la mermelada** | mair-me-**la**-da |
| margarine | **la margarina** | mar-ga-**ree**-na |
| marmalade | **la mermelada de naranja** | mair-me-**la**-da de na-**ran**-kha |
| milk | **la leche** | **le**-che |
| mustard | **la mostaza** | mos-**ta**-tha |
| olive oil | **el aceite de oliva** | a-**they**-te de o-**lee**-ba |
| orange juice | **el zumo de naranja** | **thoo**mo de na-**ran**-kha |
| pepper | **la pimienta** | pee-**myen**-ta |

| | | |
|---|---|---|
| rice | **el arroz** | a-**rroth** |
| salt | **la sal** | sal |
| stock cube | **el cubito de caldo** | koo-**bee**-to de **kal**do |
| sugar | **el azúcar** | a-**thoo**-kar |
| tea | **el té** | te |
| tin of tomatoes | **la lata de tomate** | **la**-ta de to-**ma**-te |
| vinegar | **el vinagre** | bee-**na**-gre |
| yoghurt | **el yogur** | yo-**goor** |

# Food (fruit and veg)

## Fruit

| | | |
|---|---|---|
| apples | **las manzanas** | man-**tha**-nas |
| apricots | **los albaricoques** | al-ba-ree-**ko**-kes |
| bananas | **los plátanos** | **pla**-ta-nos |
| cherries | **las cerezas** | the-**re**-thas |
| grapefruit | **el pomelo** | po-**me**-lo |
| grapes | **las uvas** | **oo**bas |
| lemon | **el limón** | lee**mon** |
| melon | **el melón** | me-**lon** |
| nectarines | **las nectarinas** | nek-ta-**ree**-nas |
| oranges | **las naranjas** | na-**ran**-khas |

| | | |
|---|---|---|
| peaches | **los melocotones** | me-lo-ko-**to**-nes |
| pears | **las peras** | **pe**-ras |
| pineapple | **la piña** | **pee**nya |
| plums | **las ciruelas** | thee-**rwe**-las |
| raspberries | **las frambuesas** | fram-**bwe**-sas |
| strawberries | **las fresas** | **fre**-sas |
| watermelon | **la sandía** | san-**dee**-a |

## Vegetables

| | | |
|---|---|---|
| asparagus | **los espárragos** | es-**pa**-rra-gos |
| carrots | **las zanahorias** | tha-na-**o**-ryas |
| cauliflower | **la coliflor** | ko-lee-**flor** |
| courgettes | **los calabacines** | ka-la-ba-**thee**-nes |
| French beans | **las judías verdes** | khoo-**dee**-as **bair**des |
| garlic | **el ajo** | **a**-kho |
| leeks | **los puerros** | **pwe**rros |
| lettuce | **la lechuga** | le-**choo**ga |
| mushrooms | **los champiñones** | cham-pee-**nyo**-nes |
| onions | **las cebollas** | the-**bo**-lyas |
| peas | **los guisantes** | gee-**san**-tes |
| peppers | **los pimientos** | pee-**myen**-tos |
| potatoes | **las patatas** | pa-**ta**-tas |
| spinach | **las espinacas** | es-pee-**na**-kas |
| tomatoes | **los tomates** | to-**ma**-tes |

# Clothes

| women's sizes | | men's suit sizes | | shoe sizes | | | |
|---|---|---|---|---|---|---|---|
| UK | EU | UK | EU | UK | EU | UK | EU |
| 8 | 36 | 36 | 46 | 2 | 35 | 7 | 40 |
| 10 | 38 | 38 | 48 | 3 | 36 | 8 | 41 |
| 12 | 40 | 40 | 50 | 4 | 37 | 9 | 42 |
| 14 | 42 | 42 | 52 | 5 | 38 | 10 | 43 |
| 16 | 44 | 44 | 54 | 6 | 39 | 11 | 44 |
| 18 | 46 | 46 | 56 | | | | |

**FACE TO FACE**

**¿Puedo probármelo?**
¿**pwe**-do pro-**bar**-me-lo?
May I try this on?

**Sí, los probadores están allí**
see, los pro-ba-**do**-res es**tan** a-**lyee**
Yes, the changing rooms are over there

**¿Tiene una talla pequeña/mediana/grande/extra grande?**
¿**tye**-ne **oo**na **ta**-lya pe-**ke**-nya/me-**dya**-na/**gran**de/**eks**tra **gran**de?
Do you have a small/medium/large/extra large size?

| | |
|---|---|
| Where are the changing rooms? | **¿Dónde están los probadores?**<br>¿**don**de es**tan** los pro-ba-**do**-res? |
| I take size 42 (clothes) | **Uso la cuarenta y dos**<br>**oo**so la kwa-**ren**-ta ee **dos** |
| I take size 39 (shoes) | **Uso el treinta y nueve**<br>**oo**so el **treyn**ta ee **nwe**-be |
| I'd like to return... | **Quiero devolver...**<br>**kye**-ro de-bol-**bair**... |
| I'm just looking | **Solo estoy mirando**<br>**so**-lo es**toy** mee-**ran**-do |
| I'll take it | **Me lo llevo**<br>me lo **lye**-vo |



# Clothes (articles)

| | | |
|---|---|---|
| belt | **el cinturón** | theen-too-**ron** |
| blouse | **la blusa** | **bloo**sa |
| bra | **el sujetador** | soo-khe-ta-**dor** |
| coat | **el abrigo** | a-**bree**-go |
| dress | **el vestido** | bes-**tee**-do |
| gloves | **los guantes** | **gwan**tes |
| hat | **el sombrero** | som-**bre**-ro |
| hat (woollen) | **el gorro** | **go**-rro |
| jacket | **la chaqueta** | cha-**ke**-ta |

| | | |
|---|---|---|
| jeans | **los vaqueros** | ba-**ke**-ros |
| knickers | **las bragas** | **bra**-gas |
| nightdress | **el camisón** | ka-mee-**son** |
| pyjamas | **el pijama** | pee-**kha**-ma |
| raincoat | **el chubasquero** | choo-bas-**ke**-ro |
| sandals | **las sandalias** | san-**da**-lyas |
| scarf (headscarf) | **el pañuelo** | pa-**nwe**-lo |
| scarf (wool) | **la bufanda** | boo-**fan**-da |
| shirt | **la camisa** | ka-**mee**-sa |
| shorts | **los pantalones cortos** | pan-ta-**lo**-nes **kor**tos |
| skirt | **la falda** | **fal**da |
| slippers | **las zapatillas** | tha-pa-**tee**-lyas |
| socks | **los calcetines** | kal-the-**tee**-nes |
| suit | **el traje** | **tra**-khe |
| swimsuit | **el traje de baño/ el bañador** | **tra**-khe de **ba**-nyo/ ba-nya-**dor** |
| tie | **la corbata** | kor-**ba**-ta |
| tights | **las medias** | **me**-dyas |
| tracksuit | **el chándal** | **chan**-dal |
| trousers | **los pantalones** | pan-ta-**lo**-nes |
| t-shirt | **la camiseta** | ka-mee-**se**-ta |
| underpants | **los calzoncillos** | kal-thon-**thee**-lyos |
| zip | **la cremallera** | kre-ma-**lye**-ra |

# Maps and guides

| | |
|---|---|
| Have you...? | **¿Tiene...?**<br>¿**tye**-ne...? |
| a map of<br>(name of town) | **un plano de...**<br>oon **pla**-no de... |
| a map of the region | **un mapa de la zona**<br>oon **ma**-pa de la **tho**-na |
| Can you show me where ... is on the map? | **¿Puede indicarme en el mapa dónde está...?**<br>¿**pwe**-de een-dee-**kar**-me en el **ma**-pa **don**de es**ta**...? |

# Post office

Post offices in city centres generally open from 8.30 a.m. to 8.30 p.m. Monday to Friday, and from 9.30 a.m. to 2 p.m. on Saturdays. Elsewhere, they are open from 8.30 a.m. to 2.30 p.m. Monday to Friday and 9.30 a.m. to 2 p.m. on Saturdays.

| | |
|---|---|
| **(la oficina de) correos**<br>(la o-fee-**thee**-na de)<br>ko-**rre**-os | post office |

| | | |
|---|---|---|
| **el buzón** | el boo**thon** | postbox |
| **los sellos** | los **se**-lyos | stamps |

| | |
|---|---|
| Is there a post office near here? | **¿Hay una oficina de Correos por aquí cerca?**<br>¿**a**ee oon o-fee-**thee**-na de ko-**rre**-os por a-**kee thair**ka? |
| Can I have stamps for ... postcards to Great Britain? | **¿Me da sellos para ... postales para Gran Bretaña?**<br>¿me da **se**-lyos pa-ra ... pos-**ta**-les pa-ra gran bre-**ta**-nya? |
| How much is it to send this parcel? | **¿Cuánto cuesta mandar este paquete?**<br>¿**kwan**to **kwes**ta man**dar es**te pa-**ke**-te? |
| by air/by priority post/by registered post | **por avión/por correo urgente/ por correo certificado**<br>por a-**byon**/por ko-**rre**-o oor-**khen**-te/por ko-**rre**-o thair-tee-fee-**ka**-do |

# Technology

| | |
|---|---|
| **imprimir**<br>eem-pree-**meer** | to print |
| **la cámara digital**<br>la **ka**-ma-ra dee-khee-**tal** | digital camera |
| **el cigarrillo electrónico**<br>el thee-ga-**rree**-lyo e-lek-**tro**-nee-ko | e-cigarette |



A memory card for this digital camera
**Una tarjeta de memoria para esta cámara digital**
**oo**na tar-**khe**-ta de me-**mo**-ree-a pa-ra **es**ta **ka**-ma-ra dee-khee-**tal**

Do you have batteries...?
**¿Tiene pilas...?**
¿**tye**-ne **pee**las...?

for this camera
**para esta cámara**
pa-ra **es**ta **ka**-ma-ra

Can you repair...?
**¿Me podría arreglar...?**
¿me po-**dree**-a a-rre-**glar**...?

my screen
**la pantalla** la pan-**ta**-lya

my keypad
**el teclado** el te-**kla**-do

my lens
**el objetivo** el ob-khe-**tee**-bo

my charger
**el cargador** el kar-ga-**dor**

I want to print my photos
**Quiero imprimir mis fotos**
**kye**-ro eem-pree-**meer** mees **fo**-tos

| | |
|---|---|
| I have it on my USB | **Lo tengo en el pendrive**<br>lo **ten**go en el **pen**-draeev |
| I have it on my e-mail | **Lo tengo en el correo electrónico**<br>lo **ten**go en el ko-**rre**-o e-lek-**tro**-neeko |

# Leisure

## Sightseeing and tourist office

The tourist office is called **la oficina de turismo**. If you are looking for somewhere to stay they should have details of hotels, campsites, etc. They also have free maps. Do not plan to visit a museum visit on Monday, as usually this is the day they are closed.

| | |
|---|---|
| Where is the tourist office? | **¿Dónde está la oficina de turismo?**<br>¿**don**de es**ta** la o-fee-**thee**-na de too-**rees**-mo? |
| What can we visit in the area? | **¿Qué podemos visitar en la zona?**<br>¿ke po-**de**-mos bee-see-**tar** en la **tho**-na? |
| Have you any leaflets? | **¿Tiene algún folleto?**<br>¿**tye**-ne al**goon** fo-**lye**-to? |
| Are there any excursions? | **¿Hay alguna excursión organizada?**<br>¿**a**ee al-**goo**-na eks-koor-**syon** or-ga-nee-**tha**-da? |

| | |
|---|---|
| We'd like to go to... | **Nos gustaría ir a...**<br>nos goos-ta-**ree**-a eer a... |
| How much does it cost to get in? | **¿Cuánto cuesta la entrada?**<br>¿**kwan**to **kwes**ta la en-**tra**-da? |
| Are there any reductions for...? | **¿Hacen descuento a...?**<br>¿**a**-then des-**kwen**-to a...? |
| children | **los niños**<br>los **nee**nyos |
| students | **los estudiantes**<br>los es-too-**dyan**-tes |
| unemployed people | **los parados**<br>los pa-**ra**-dos |
| senior citizens | **los jubilados**<br>los khoo-bee-**la**-dos |
| Is it OK to take children? | **¿Está permitido llevar a niños?**<br>¿es**ta** pair-mee-**tee**-do **lye**-bar a **nee**nyos? |



# Entertainment

In large cities you can often find **La Guía del Ocio**, a magazine listing events and entertainment. Newspapers usually carry a page called **Agenda cultural** with local events.

| | |
|---|---|
| What is there to do in the evenings? | **¿Qué se puede hacer por las noches?**<br>¿ke se **pwe**-de a-**thair** por las **no**-ches? |

| | |
|---|---|
| Is there anything for children? | **¿Hay algo para los niños?**<br>¿**a**ee **al**go pa-ra los **neen**yos? |
| I'd like ... tickets | **Quisiera entradas...**<br>kee-**sye**-ra en-**tra**-das... |
| adult | **...para adultos**<br>...pa-ra a-**dool**-tos |
| child | **...para niños**<br>...pa-ra **neen**yos |

# Nightlife

| | |
|---|---|
| Where can I go clubbing? | **¿Dónde puedo ir de discotecas?**<br>¿**don**de **pwe**-do eer de dees-ko-**te**-kas? |

| | | |
|---|---|---|
| bar/pub | **el bar** | bar |
| gay bar/club | **el bar gay** | bar gey |
| gig | **la actuación** | ak-too-a**thyon** |
| music festival | **el festival de música** | fes-tee-**val** de **moo**-see-ka |
| nightclub | **la discoteca** | dees-ko-**te**-ka |
| party | **la fiesta** | **fyes**ta |

# Out and about

| | |
|---|---|
| Where can I/ we go...? | **¿Dónde se puede ir a...?**<br>¿**don**-de se **pwe**-de eer a...? |
| fishing | **pescar**<br>pes**kar** |
| riding | **montar a caballo**<br>mon**tar** a ka-**ba**-lyo |
| Are there any good beaches near here? | **¿Hay alguna playa buena cerca de aquí?**<br>¿**a**ee al-**goo**-na **pla**-ya **bwe**-na **thair**ka de a-**kee**? |
| Can you visit ... in a wheelchair? | **¿Se puede visitar ... en silla de ruedas?**<br>¿se **pwe**-de bee-see-**tar** ... en **see**lya de **rwe**-das? |
| Is there a swimming pool? | **¿Hay piscina?**<br>¿**a**ee pees-**thee**-na? |
| What's on at the cinema? | **¿Qué películas ponen?**<br>¿ke pe-**lee**-koo-las **po**-nen? |
| What's on at the theatre? | **¿Qué están echando en el teatro?**<br>¿ke es**tan** e-**chan**-do en el te-**a**-tro? |
| I'd like two tickets... | **Quisiera dos entradas...**<br>kee-**sye**-ra dos en-**tra**-das... |
| for tonight | **para esta noche**<br>pa-ra **es**ta **no**-che |

| | | |
|---|---|---|
| for tomorrow night | **para mañana por la noche** pa-ra ma-**nya**-na por la **no**-che | |
| adventure centre | **el centro de aventuras** | **then**tro de a-ven-**too**-ras |
| art gallery | **la galería de arte** | ga-le-**ree**a de **ar**te |
| boat hire | **el alquiler de barcos** | al-kee-**lair** de **bar**kos |
| camping | **el camping** | **kam**peen |
| museum | **el museo** | moo-**se**-o |
| piercing | **el piercing** | **peer**-seen |
| tattoo | **el tatuaje** | ta-too-**a**khe |
| theme park | **el parque temático** | **par**ke te-**ma**-tee-ko |
| water park | **el parque acuático** | **par**ke a-**kwa**-tee-ko |
| zoo | **el zoo** | **tho**-o |

| YOU MAY HEAR... | |
|---|---|
| **Prohibido bañarse** pro-ee-**bee**-do ba**nyar**-se | No swimming |
| **Prohibido tirarse de cabeza** pro-ee-**bee**-do tee**rar**-se de ka-**be**-tha | No diving |

# Music

There are often music and dance festivals in the summer. They generally begin quite late, at about 10.30 p.m. or 11 p.m.

| | |
|---|---|
| Are there any good concerts on? | **¿Dan algún buen concierto aquí?**<br>¿dan al**goon** bwen kon-**thyair**-to a-**kee**? |
| Where can we hear some flamenco? | **¿Qué sitios hay para escuchar flamenco?**<br>¿ke **see**tyos **a**ee pa-ra es-koo-**char** fla-**men**-ko? |

| | | |
|---|---|---|
| folk | **el folk** | folk |
| hip-hop | **el hip-hop** | **kheep**-hop |
| pop | **el pop** | pop |
| reggae | **el reggae** | **re**-gee |
| rock | **el rock** | rok |
| techno | **el tecno** | **tec**-no |

# Sport

Football matches in Spain usually take place on Saturday and Sunday (at any time between 4 p.m. and 10 p.m.). You are advised to buy tickets in advance to avoid the queues. Other popular sports in Spain are basketball, cycling and squash.

| | |
|---|---|
| Where can I/ we...? | **¿Dónde se puede...?**<br>¿**don**de se **pwe**-de...? |
| play tennis | **jugar al tenis**<br>khoo**gar** al **te**-nees |
| play golf | **jugar al golf**<br>khoo**gar** al golf |
| go swimming | **ir a nadar**<br>eer a na-**dar** |
| go jogging | **hacer footing**<br>a-**thair foo**teen |
| I want to try... | **Quiero probar...**<br>**kye**-ro pro**bar**... |
| I've never done this before | **Es la primera vez que lo hago**<br>es la pree-**mair**-a beth ke lo **a**-go |
| How much is it per hour? | **¿Cuánto cuesta la hora?**<br>¿**kwan**to **kwes**ta la **o**-ra? |
| Do they hire out...? | **¿Alquilan...?**<br>¿al-**kee**-lan...? |
| rackets | **raquetas**<br>ra-**ke**-tas |

| | | |
|---|---|---|
| golf clubs | **palos de golf**<br>**pa**-los de golf | |
| We'd like to go to see ... (name of team) play | **Nos gustaría ir a ver jugar al...**<br>nos goos-ta-**ree**-a eer a bair khoo**gar** al... | |
| I want to hire skis | **Querría alquilar unos esquíes**<br>ke-**rree**-a al-kee-**lar oo**nos es-**kee**-es | |
| How much is a pass...? | **¿Cuánto cuesta un forfait...?**<br>¿**kwan**to **kwes**ta oon for**fey**...? | |
| for a day | **para un día**<br>pa-ra oon **dee**-a | |
| What length skis do you want? | **¿De qué largo quiere los esquíes?**<br>¿de ke **lar**go **kye**-re los es-**kee**-es? | |
| What is your shoe size? | **¿Qué número de zapato usa?**<br>¿ke **noo**-me-ro de tha-**pa**-to **oo**sa? | |
| cycling | **el ciclismo** | thee-**klees**-mo |
| dancing | **el baile** | **bay**le |
| kayaking | **el kayak** | ka**yak** |
| rock climbing | **la escalada en roca** | es-ka-**la**-da en **ro**ka |
| snow-boarding | **el snowboard** | es-**nou**-bord |
| volleyball | **el voleibol** | bo-ley-**bol** |
| water-skiing | **el esquí acuático** | es**kee** a-**kwa**-tee-ko |
| windsurfing | **el windsurf** | **ween**-soorf |

# Communications



## Telephone and mobile

To phone Spain from the UK, the international code is **00 34**, followed by the number you require. In Spain, area codes are part of the telephone number. You will dial the same number whether your call is local or national. To phone the UK from Spain, dial **00 44** plus the UK area code without the first **0** e.g. Glasgow **(0)141**.

| | |
|---|---|
| I want to make a phone call | **Quiero hacer una llamada telefónica**<br>**kye**-ro a-**thair oo**na lya-**ma**-da te-le-**fo**-nee-ka |
| I will give you a call | **Te daré un toque**<br>te da-**re** un **to**-ke |
| What is your mobile number? | **¿Cuál es su número de móvil?**<br>¿kwal es soo **noo**-me-ro de **mo**-beel? |
| My mobile number is... | **Mi número de móvil es...**<br>mee **noo**-me-ro de **mo**-beel es... |
| Can I speak to...? | **¿Puedo hablar con...?**<br>¿**pwe**-do a-**blar** kon...? |

| | |
|---|---|
| Do you have a ... charger/cable? | **¿Tiene un cargador/cable para...?**<br>¿**tye**-ne **oo**n kar-ga-**dor/ka**ble para...? |
| Can I borrow your...? | **¿Me deja su...?**<br>¿me **de**-kha soo...? |
| smartphone | **el smartphone**<br>el **smart**-foun |
| I have an e-ticket on my phone | **Tengo un billete electrónico en el móvil**<br>**ten**go oon bee-**lye**-te e-lek-**tro**-nee-ko en el **mo**-beel |
| I need to phone a UK/US/ Australian number | **Tengo que llamar a un número británico/ estadounidense/australiano**<br>**ten**go ke lya-**mar** a oon **noo**-me-ro bree-**tan**-ee-ko/ estado-oonee-**den**-se/ ows-tra-**lya**-no |

**FACE TO FACE**

**¿Dígame?**
¿**dee**-ga-me?
Hello

**Querría hablar con ..., por favor**
ke-**rree**-a a-**blar** kon ..., por fa-**bor**
I'd like to speak to ..., please

**¿De parte de quién?**
¿de **par**te de kyen?
Who's calling?

**Soy Daniela**
**so**y da-**nye**-la
It's Daniela

**Un momento, por favor**
oon mo-**men**-to, por fa-**bor**
Just a moment, please

| | |
|---|---|
| I'll call back... | **Volveré a llamar...**<br>bol-be-**re** a lya-**mar**... |
| later | **más tarde**<br>mas **tar**de |
| tomorrow | **mañana**<br>ma-**nya**-na |

| YOU MAY HEAR... | |
|---|---|
| **¿Con quién hablo?/ ¿Quién es?**<br>¿kon kyen **a**-blo/kyen es? | Who am I talking to? |
| **No cuelgue, por favor**<br>no **kwel**ge, por fa-**bor** | Hold the line, please |
| **Ahora se pone**<br>a-**o**-ra se **po**-ne | He/She is coming |
| **Está comunicando**<br>es**ta** ko-moo-nee-**kan**-do | It's engaged |
| **¿Puede volver a llamar más tarde?**<br>¿**pwe**-de bol**bair** a lya-**mar** mas **tar**de? | Can you try again later? |

| | |
|---|---|
| **Se ha equivocado de número**<br>se a e-kee-bo-**ka**-do de **noo**-me-ro | You have the wrong number |
| **Por favor, se ruega apaguen los teléfonos móviles**<br>por fa-**bor**, se **rwe**-ga a-**pa**-gen los te-**le**-fo-nos **mo**-bee-les | Please turn off your mobile phones |



# Text messaging

In mobile phone messages, accents and upside down punctuation are often omitted.

| | |
|---|---|
| I will text you | **Te mandaré un mensaje (al móvil)**<br>te man-da-**re** oon men-**sa**-khe (al **mo**-beel) |
| Can you text me? | **¿Me puedes mandar un mensaje (al móvil)?**<br>¿me **pwe**-des man**dar** oon men-**sa**-khe (al **mo**-beel)? |
| text (message) | **el SMS**<br>el ese-eme-ese |

| | |
|---|---|
| to text (somebody) | **enviar un SMS a alguien**<br>en-bee-**ar** un ese-eme-ese a **al**gyen |

| | | |
|---|---|---|
| mñn | **mañana** | tomorrow |
| +trd | **más tarde** | later |
| a2 | **adiós** | goodbye |
| dnd? | **¿dónde?** | where? |
| q tl? | **¿qué tal?** | how are you? |
| TBL | **te veo luego** | I'll see you soon |
| t q | **te quiero** | I love you |
| ntp | **no te preocupes** | don't worry |
| xq? | **¿por qué?** | why? |
| xq | **porque** | because |

# E-mail

| | |
|---|---|
| What is your e-mail address? | **¿Cuál es su (dirección de) email?**<br>¿kwal es soo (dee-rek-**thyon** de) ee-**meyl**? |
| How do you spell it? | **¿Cómo se escribe?**<br>¿**ko**-mo se es-**kree**-be? |
| All one word | **Todo junto**<br>**to**-do **khoon**to |

| | |
|---|---|
| My e-mail address is... | **Mi (dirección de) email es...**<br>mee (dee-rek-**thyon** de) ee-**meyl** es... |
| caroline.smith@bit.co.uk | **caroline punto smith arroba bit punto co punto uk**<br>caroline **poon**to smith a-**rro**-ba bit **poon**to koh **poon**to oo ka |
| Can I send an e-mail? | **¿Puedo mandar un email?**<br>¿**pwe**-do man**dar** oon ee-**meyl**? |

# Internet

| | |
|---|---|
| **el wifi**<br>el **wee**-fee | Wi-Fi |
| **la red social**<br>la red so-**thyal** | social network |
| **la app** la ap | app |
| **el portátil** el por-**ta**-teel | laptop |
| **la tablet** la **ta**-blet | tablet |

| | |
|---|---|
| I can't log on | **No puedo conectarme**<br>no **pwe**-do ko-nek-**tar**-me |
| What is the Wi-Fi password? | **¿Cuál es la clave del wifi?**<br>¿kwal es la **kla**ve del **wee**-fee? |
| Do you have free Wi-Fi? | **¿Hay wifi gratis?**<br>¿**a**ee **wee**-fee **gra**-tees? |

| | |
|---|---|
| Add me on Facebook | **Añádeme en Facebook**<br>a-**nya**-deme en Fe-**ees**-book |
| Is there a 3G/4G signal? | **¿Hay señal 3G/4G?**<br>¿**a**ee se-**nyal** tres khe/ **kwa**-tro khe? |
| I need to access my webmail | **Tengo que consultar mi correo web**<br>**ten**go ke kon-sool-**tar** mee ko-**rre**-o web |
| I would like to use Skype | **Querría usar Skype**<br>ke-**rree**a oo**sar ska**eep |

# Practicalities

## Money

Banks are generally open 8.30 a.m. to 2 p.m. Monday to Friday, with a few banks open later on Thursday afternoons. Double-check opening hours when you arrive, as these change during the summer. The Spanish currency is the **euro** (**eoo**-ro). Euro cents are known as **céntimos** (**then**-tee-mos).

| | |
|---|---|
| **la tarjeta de crédito**<br>la tar-**khe**-ta de **kre**-dee-to | credit card |
| **pagar en efectivo**<br>pa-**gar** en e-fek-**tee**-bo | pay in cash |
| **la factura** la fak-**too**-ra | invoice |
| **los dólares** los **do**-lares | dollars |
| **las libras** las **lee**bras | pounds |
| **el tipo de cambio**<br>el **tee**po de **kam**byo | exchange rate |

Where can I/we change some money?

**¿Dónde se puede cambiar dinero?**
¿**don**de se **pwe**-de kam-**byar** dee-**ne**-ro?

| | |
|---|---|
| When does the bank open/close? | **¿Cuándo abren/cierran el banco?**<br>¿**kwan**do **a**-bren/**thye**-rran el **ban**ko? |
| Can I pay with pounds/euros? | **¿Puedo pagar con libras/euros?**<br>¿**pwe**-do pa-**gar** kon **lee**bras/ **eoo**-ros? |
| Where is the nearest cash machine? | **¿Dónde está el cajero más cercano?**<br>¿**don**de es**ta** el ka-**khe**-ro mas thair-**ka**-no? |
| Do you have any small change? | **¿Tiene suelto?**<br>¿**tye**-ne **swel**to? |
| What is the exchange rate for...? | **¿Cuál es la tasa de cambio para...?**<br>¿kwal es la **ta**sa de **kam**-byo para...? |

# Paying

| | |
|---|---|
| **el importe**<br>el eem-**por**-te | amount to be paid |
| **la cuenta** la **kwen**ta | bill |
| **abone el importe en caja**<br>a-**bo**-ne el eem-**por**-te en **ka**-kha | pay at the cash desk |

| | |
|---|---|
| **el tique (de compra)**<br>el **tee**ke (de **kom**pra) | till receipt |
| **solo en efectivo**<br>**so**-lo en e-fek-**tee**-bo | cash only |
| **sacar dinero**<br>sa-**kar** dee-**ne**-ro | to withdraw money |
| **la tarjeta de débito**<br>la tar-**khe**-ta de **de**-bee-to | debit card |
| **la tarjeta de crédito**<br>la tar-**khe**-ta de **kre**-dee-to | credit card |
| **el pago sin contacto**<br>el **pa**-go seen kon-**tak**-to | contactless payment |
| **la tarjeta prepago multidivisa**<br>la tar-**khe**-ta pre-**pa**-go mool-tee-dee-**bee**-sa | prepaid currency card |

| | |
|---|---|
| How much is it? | **¿Cuánto es?**<br>¿**kwan**to es? |
| Is VAT included? | **¿Está incluido el IVA?**<br>¿Es**ta** een-kloo-**ee**-do el **ee**ba? |
| I need a receipt, please | **Necesito un recibo, por favor**<br>ne-the-**see**-to oon re-**thee**-bo, por fa-**bor** |
| Where do I pay? | **¿Dónde se paga?**<br>¿**Don**de se **pa**-ga? |
| I've nothing smaller | **No tengo cambio**<br>no **ten**go **kam**byo |

| | |
|---|---|
| Can I pay in cash? | **¿Puedo pagar en efectivo?**<br>¿**pwe**-do pa-**gar en** e-fek-**tee**-bo? |
| Is there a credit card charge? | **¿Hay algún cargo por pagar con tarjeta de crédito?**<br>¿**a**ee al-**goon kar**-go por pa-**gar** kon tar-**khe**-ta de **kre**-dee-to? |
| Is there a discount for senior citizens/ children? | **¿Hay descuento para la tercera edad/para niños?**<br>¿**a**ee des-**kwen**-to para la tair-**the**-ra e-**dad**/para **nee**nyos? |
| Can you write down the price? | **¿Podría escribir el precio?**<br>¿po-**dree**-a es-kree-**beer** el **pre**-thyo? |

# Luggage

| | |
|---|---|
| **consigna** kon-**seeg**-na | left luggage office |
| **consignas automáticas** kon-**seeg**-nas ow-to-**ma**-tee-kas | luggage lockers |
| **el carrito** el ka-**rree**-to | luggage trolley |

| | |
|---|---|
| My luggage hasn't arrived | **Mi equipaje no ha llegado**<br>mee e-kee-**pa**-khe no a lye-**ga**-do |

| | |
|---|---|
| My suitcase has arrived damaged | **Mi maleta ha llegado estropeada**<br>mee ma-**le**-ta a lye-**ga**-do es-tro-pe-**a**-da |
| What's happened to the luggage on the flight from...? | **¿Qué ha pasado con el equipaje del vuelo de...?**<br>¿ke a pa-**sa**-do kon el e-kee-**pa**-khe del **bwe**-lo de...? |

# Repairs

Repairs while you wait are known as **reparaciones en el acto**.

| | |
|---|---|
| This is broken | **Se me ha roto esto**<br>se me a **ro**-to **es**to |
| Can you repair...? | **¿Puede arreglarme...?**<br>¿**pwe**-de a-rre-**glar**-me...? |
| How much will it be? | **¿Cuánto será?**<br>¿**kwan**to se-**ra**? |
| How long will it take to repair? | **¿Cuánto tardarán en arreglarlo?**<br>¿**kwan**to tar-da-**ran** en a-rre-**glar**-lo? |

# Complaints

| | |
|---|---|
| This doesn't work | **Esto no funciona**<br>**es**to no foon-**thyo**-na |
| The ... doesn't work | **El/La ... no funciona**<br>el/la ... no foon-**thyo**-na |
| light | **la luz**<br>la looth |
| heating | **la calefacción**<br>la ka-le-fak-**thyon** |
| air conditioning | **el aire acondicionado**<br>el **aee**-re a-kon-dee-thyo-**na**-do |
| There's a problem with the room | **Hay un problema con la habitación**<br>**a**ee oon pro-**ble**-ma kon la a-bee-ta-**thyon** |
| It's noisy | **Hay mucho ruido**<br>**a**ee **moo**cho **rwee**do |
| It's too hot/cold (room) | **Hace demasiado calor/frío**<br>**a**-the de-ma-**sya**-do ka-**lor**/**free**-o |
| It's faulty | **Está defectuoso**<br>es**ta** de-fek-too-**o**-so |
| It's dirty | **Está sucio**<br>es**ta soo**thyo |
| I want my money back | **Quiero que me devuelvan el dinero**<br>**kye**-ro ke me de-**bwel**-ban el dee-**ne**-ro |

# Problems

| | |
|---|---|
| Can you help me? | **¿Me puede ayudar?**<br>¿me **pwe**-de a-yoo-**dar**? |
| I only speak a little Spanish | **Solo hablo un poco de español**<br>**so**-lo **a**-blo oon **po**-ko de es-pa-**nyol** |
| Does anyone here speak English? | **¿Hay aquí alguien que hable inglés?**<br>¿**a**ee a-**kee al**gyen ke **a**-ble een**gles**? |
| What's the matter? | **¿Qué pasa?**<br>¿ke **pa**-sa? |
| I'm lost | **Me he perdido**<br>me e pair-**dee**-do |
| How do I get to...? | **¿Cómo voy a...?**<br>¿**ko**-mo boy a...? |
| I've missed... | **He perdido...**<br>e pair-**dee**-do... |
| my train | **el tren**<br>el tren |
| my plane | **el avión**<br>el a-**byon** |
| my connection | **el enlace**<br>el en-**la**-the |
| The coach has left without me | **Se ha ido el autocar sin mí**<br>se a **ee**do el ow-to-**kar** seen mee |

| | |
|---|---|
| Can you show me how this works? | **¿Me puede enseñar como funciona esto?**<br>¿me **pwe**-de en-se-**nyar ko**-mo foon-**thyo**-na **es**to? |
| I have lost my purse | **He perdido el monedero**<br>e pair-**dee**-do el mo-ne-**de**-ro |
| I need to get to... | **Tengo que ir a...**<br>**ten**go ke eer a... |
| Leave me alone! | **¡Déjeme en paz!**<br>i**de**-khe-me en path! |
| Go away! | **¡Váyase!**<br>i**ba**-ya-se! |
| Where can I recycle this? | **¿Dónde puedo reciclar esto?**<br>¿**don**de **pwe**-do re-thee-**klar es**to? |
| I need to access my online banking | **Tengo que acceder a mi cuenta online**<br>**ten**go ke ak-the-**dair** a mee **kwen**ta on-**laeen** |
| Do you have wheelchairs? | **¿Tienen sillas de ruedas?**<br>¿**tye**-nen **see**lyas de **rwe**-das? |
| Do you have an induction loop? | **¿Hay audífonos?**<br>¿**a**ee ow-**dee**-fo-nos? |

# Emergencies

If you need to contact the police or the fire brigade, or request an ambulance, dial **112**, the free emergency number.

| | |
|---|---|
| **la policía**<br>la po-lee-**thee**-a | police |
| **la ambulancia**<br>la am-boo-**lan**-thya | ambulance |
| **los bomberos**<br>los bom-**be**-ros | fire brigade |
| **urgencias**<br>oor-**khen**-thyas | accident and emergency |

| | |
|---|---|
| Help! | **¡Socorro!**<br>iso-**ko**-rro! |
| Fire! | **¡Fuego!**<br>i**fwe**-go! |
| There's been an accident | **Ha habido un accidente**<br>a a-**bee**-do oon ak-thee-**den**-te |
| Someone is injured | **Hay un herido**<br>**a**ee oon e-**ree**-do |
| Call... | **Llame a...**<br>**lya**-me a... |
| the police | **la policía**<br>la po-lee-**thee**-a |

| | |
|---|---|
| an ambulance | **una ambulancia**<br>**oo**na am-boo-**lan**-thya |
| Where is the police station? | **¿Dónde está la comisaría?**<br>¿**don**de es**ta** la ko-mee-sa-**ree**-a? |
| I want to report a theft | **Quiero denunciar un robo**<br>**kye**-ro de-noon-**thyar** oon **ro**-bo |
| I've been robbed/ attacked | **Me han robado/agredido**<br>me an ro-**ba**-do/a-gre-**dee**-do |
| Someone's stolen my bag | **Me han robado el bolso**<br>me an ro-**ba**-do el **bol**so |
| My car has been broken into | **Me han entrado en el coche**<br>me an en-**tra**-do en el **ko**-che |
| My car has been stolen | **Me han robado el coche**<br>me an ro-**ba**-do el **ko**-che |
| I've been raped | **Me han violado**<br>me an byo-**la**-do |
| I want to speak to a policewoman | **Quiero hablar con una mujer policía**<br>**kye**-ro a-**blar** kon **oo**na moo**khair** po-lee-**thee**-a |
| I need to make an urgent telephone call | **Necesito hacer una llamada urgente**<br>ne-the-**see**-to a-**thair oo**na lya-**ma**-da oor-**khen**-te |
| I need a report for my insurance | **Necesito un informe para el seguro**<br>ne-the-**see**-to oon een-**for**-me pa-ra el se-**goo**-ro |

| | |
|---|---|
| How much is the fine? | **¿Cuánto es la multa?**<br>¿**kwan**to es la **mool**ta? |
| Where do I pay it? | **¿Dónde la pago?**<br>¿**don**de la **pa**-go? |

| YOU MAY HEAR... | |
|---|---|
| **Se ha saltado el semáforo en rojo**<br>se a sal-**ta**-do el se-**ma**-fo-ro en **ro**-kho | You went through a red light |

# Health

## Pharmacy

The quality of tap water in Spain differs greatly from one city to another. Stick to bottled water during the first days of your stay and find out about local conditions wherever you are. Cities along the coastline tend to have low-quality tap water. The tap water in Madrid is of the highest quality in the country.

| | |
|---|---|
| **la farmacia**<br>la far-**ma**-thya | pharmacy/chemist |
| **la farmacia de guardia**<br>la far-**ma**-thya de **gwar**dya | duty chemist |
| **la receta médica**<br>la re-**the**-ta **me**-dee-ka | prescription |

| | |
|---|---|
| Have you something for...? | **¿Tiene algo para...?**<br>¿**tye**-ne **al**go pa-ra...? |
| a headache | **el dolor de cabeza**<br>el do-**lor** de ka-**be**-tha |
| car sickness | **el mareo**<br>el ma-**re**-o |

| | |
|---|---|
| diarrhoea | **la diarrea**<br>la dee-a-**rre**-a |
| a mosquito bite | **una picadura de mosquito**<br>oo-na pee-ka-**doo**-ra de mos-**kee**-to |
| I have a rash | **Me ha salido un sarpullido**<br>me a sa-**lee**-do oon sar-poo-**lyee**-do |
| I feel sick | **Tengo naúseas**<br>**ten**go **now**-se-as |
| Is it safe for children? | **¿Lo pueden tomar los niños?**<br>¿lo **pwe**-den to-**mar** los **nee**nyos? |
| How much should I give? | **¿Cuánto le doy?**<br>¿**kwan**to le doy? |

| | |
|---|---|
| **el tampón** el tam**pon** | tampon |
| **el periodo** el pe-**ryo**do | period |
| **el asma** el **as**ma | asthma |
| **el condón** el kon**don** | condom |
| **las lentillas**<br>las len-**tee**-lyas | contact lenses |
| **la píldora** la **peel**-do-ra | the Pill |
| **el inhalador**<br>el een-ala-**dor** | inhaler |
| **los analgésicos**<br>los a-nal **khe**-see-kos | painkillers |

| | |
|---|---|
| **la píldora del día después**<br>la **peel**-do-ra del **dee**-a des**pwes** | morning-after pill |

| YOU MAY HEAR... | |
|---|---|
| **Tómelo tres veces al día antes de/con/después de las comidas**<br>**to**-me-lo tres **be**-thes al **dee**-a **an**tes de/kon/ des**pwes** de las ko-**mee**-das | Take it three times a day before/with/after meals |



# Body

In Spanish the possessive (my, his, her, etc.) is generally not used with parts of the body, e.g.

| | |
|---|---|
| My head hurts | **Me duele la cabeza** |
| My hands are dirty | **Tengo las manos sucias** |

| | | |
|---|---|---|
| ankle | **el tobillo** | to-**bee**-lyo |
| arm | **el brazo** | **bra**-tho |
| back | **la espalda** | es-**pal**-da |
| bone | **el hueso** | **we**-so |
| chest | **el pecho** | **pe**-cho |

| | | |
|---|---|---|
| ear | **la oreja/el oído** | o-**re**-kha/o-**ee**-do |
| eye | **el ojo** | **o**-kho |
| finger | **el dedo** | **de**-do |
| foot | **el pie** | pye |
| hand | **la mano** | **ma**-no |
| head | **la cabeza** | ka-**be**-tha |
| heart | **el corazón** | ko-ra-**thon** |
| hip | **la cadera** | ka-**de**-ra |
| kidney | **el riñón** | ree**nyon** |
| knee | **la rodilla** | ro-**dee**-lya |
| leg | **la pierna** | **pyair**na |
| liver | **el hígado** | **ee**-ga-do |
| mouth | **la boca** | **bo**-ka |
| nail | **la uña** | **oo**nya |
| neck | **el cuello** | **kwe**-lyo |
| nose | **la nariz** | na-**reeth** |
| stomach | **el estómago** | es-**to**-ma-go |
| throat | **la garganta** | gar-**gan**-ta |
| toe | **el dedo del pie** | **de**-do del pye |
| tooth | **el diente** | **dyen**-te |
| wrist | **la muñeca** | moo-**nye**-ka |

# Doctor

If you need to see a doctor, simply visit the nearest **centro de salud** (clinic) with your European Health Insurance Card and ask for an appointment. You usually need to go in the morning (9 a.m.) to get a ticket for an appointment later in the day.

| FACE TO FACE |
| --- |
| **¿Qué le pasa/ocurre?**<br>¿ke le **pa**-sa/o-**koo**-rre?<br>What's wrong? |
| **Me encuentro mal/No me encuentro bien**<br>me en-**kwen**-tro mal/no me en-**kwen**-tro byen<br>I feel ill |
| **¿Tiene fiebre?**<br>¿**tye**-ne **fye**-bre?<br>Do you have a temperature? |
| **No, me duele aquí**<br>no, me **dwe**-le a-**kee**<br>No, I have a pain here |

| | |
| --- | --- |
| I need a doctor | **Necesito un médico**<br>ne-the-**see**-to oon **me**-dee-ko |
| My son/daughter is ill | **Mi hijo/hija está enfermo(a)**<br>mee **ee**kho/**ee**kha es**ta**<br>en-**fair**-mo(a) |

| | |
|---|---|
| He/She has a temperature | **Tiene fiebre**<br>**tye**-ne **fye**-bre |
| I'm diabetic | **Soy diabético(a)**<br>soy dya-**be**-tee-ko(a) |
| I'm pregnant | **Estoy embarazada**<br>es**toy** em-ba-ra-**tha**-da |
| I'm on the pill | **Tomo la píldora**<br>**to**-mo la **peel**-do-ra |
| I'm allergic... | **Soy alérgico(a)...**<br>soy a-**lair**-khee-ko(a)... |
| to penicillin | **a la penicilina**<br>a la pe-nee-thee-**lee**-na |
| to dairy | **a los productos lácteos**<br>a los pro-**dook**-tos **lak**-te-os |
| to nuts | **a los frutos secos**<br>a los **froo**tos **se**-kos |
| to gluten | **al gluten** al **gloo**ten |
| to pollen | **al polen** al **po**len |
| I have a prescription for... | **Tengo una receta de...**<br>**ten**go **oo**na re-**the**-ta de... |
| I've run out of medication | **Se me ha acabado la medicina**<br>se me a a-ka-**ba**-do la me-dee-**thee**-na |
| My blood group is... | **Mi grupo sanguíneo es...**<br>mee **groo**po san-**gee**-ne-o es... |

| | |
|---|---|
| Will I have to pay? | **¿Tengo que pagar?**<br>¿**ten**go ke pa-**gar**? |
| I need a receipt for the insurance | **Necesito un recibo para el seguro**<br>ne-the-**see**-to oon re-**thee**-bo pa-ra el se-**goo**-ro |
| epilepsy | **la epilepsia**<br>la e-pee-**lep**-sya |
| STI or STD (sexually transmitted infection/ disease) | **la ETS (enfermedad de transmisión sexual)**<br>la e-te-ese (en-fair-me-**dad** de trans-mee-**syon** sek-**swa**l) |
| food poisoning | **la intoxicación alimentaria**<br>la een-tok-see-ka-**thyon** a-lee-men-**ta**-rya |
| drug abuse | **la drogadicción**<br>la dro-ga-deek-**thyon** |
| sprain | **el esguince**<br>el es-**geen**-the |
| GP (general practitioner) | **el médico de familia**<br>el **me**-dee-ko de fa-**mee**-lya |
| A&E (accident and emergency) | **las urgencias**<br>las oor-**khen**-thyas |

| YOU MAY HEAR... | |
|---|---|
| **Tiene que ingresar**<br>**tye**-ne ke een-gre-**sar** | You will have to be admitted to hospital |
| **No es grave**<br>no es **gra**-ve | It's not serious |
| **No beba alcohol**<br>no **be**ba al**kol** | Do not drink alcohol |
| **¿Bebe?** ¿**be**-be? | Do you drink? |
| **¿Fuma?** ¿**foo**-ma? | Do you smoke? |
| **¿Se droga?** ¿se **dro**-ga? | Do you take drugs? |



# Dentist

All dental provision is private. Simply book an appointment. It is advisable to get a quote in advance for any work to be done.

| | |
|---|---|
| **el empaste**<br>el em-**pas**-te | filling |
| **la funda** la **foon**da | crown |
| **la dentadura postiza**<br>la den-ta-**doo**-ra pos-**tee**-tha | dentures |

| | |
|---|---|
| I need a dentist | **Necesito un dentista**<br>ne-the-**see**-to oon den-**tees**-ta |
| He/She has toothache | **Tiene dolor de muelas**<br>**tye**-ne do-**lor** de **mwe**-las |
| Can you do a temporary filling? | **¿Puede hacer un empaste provisional?**<br>¿**pwe**-de a-**thair** oon em-**pas**-te pro-bee-syo-**nal**? |
| It hurts (me) | **Me duele**<br>me **dwe**-le |
| Can you give me something for the pain? | **¿Puede darme algo para el dolor?**<br>¿**pwe**-de **dar**me **al**go pa-ra el do-**lor**? |
| Can you repair my dentures? | **¿Puede arreglarme la dentadura postiza?**<br>¿**pwe**-de a-rre-**glar**-me la den-ta-**doo**-ra pos-**tee**-tha? |

| YOU MAY HEAR... | |
|---|---|
| **Hay que sacarla**<br>**a**ee ke sa-**kar**-la | It has to come out |
| **Voy a ponerle una inyección**<br>boy a po-**nair**-le **oo**na een-yek-**thyon** | I'm going to give you an injection |

# Eating out

## Eating places

**Tapas** A popular and inexpensive venue is the tapas bar – you'll find these wherever you go. It is a good way of trying out different foods.

**Cafetería** Normally serves some hot dishes as well as toasted sandwiches (**sándwiches**) and cakes (**pasteles**).

**Panadería** Bakery. They often sell snacks and sweets.

**Pastelería/Confitería** Cake shop.

**Bodega** A wine cellar. Rather like a wine bar which serves food.

**Restaurante** Mealtimes are late in Spain. Lunch is generally served from 2 p.m. to 4.30 p.m. and dinner from 8 p.m. to 11.30 p.m. The menu is usually displayed outside.

**Chiringuito** Beach bar/café

**Mesón** Traditional-style tavern restaurant.

**Heladería** Ice-cream parlour which also serves milkshakes (**batidos**).

**Zona de picnic** Picnic area.

# In a bar/café

If you want a strong black coffee ask for **un café solo**. For a white coffee ask for **un café con leche**. Very popular among the locals is **un cortado**, a strong black coffee with a dash of milk. Tea in Spain tends to be served weak and with lemon rather than milk. If you want milk, it is best to ask for it to be served on the side (**aparte**). People usually sit and have their coffee in a bar, take-away coffee isn't very common.

**FACE TO FACE**

**¿Qué desea?/¿Qué va a tomar?**
¿ke de-**se**-a?/¿ke ba a to-**mar**?
What will you have?

**Un café con leche, por favor**
oon ka-**fe** kon **le**-che, por fa-**bor**
A white coffee, please

| | |
|---|---|
| a coffee | **un café**<br>oon ka-**fe** |

| | |
|---|---|
| a lager | **una cerveza**<br>**oo**na thair-**be**-tha |
| a dry sherry | **un fino**<br>oon **fee**no |
| ...please | **...por favor**<br>...por fa-**bor** |
| a tea... | **un té...**<br>oon te... |
| with milk on the side | **con la leche aparte**<br>kon la **le**-che a-**par**-te |
| with lemon | **con limón**<br>kon lee**mon** |
| for me | **para mí**<br>pa-ra mee |
| for him/her | **para él/ella**<br>pa-ra el/**e**-lya |
| with ice, please | **con hielo, por favor**<br>kon **ye**-lo, por fa-**bor** |
| without sugar | **sin azúcar**<br>seen a-**thoo**-kar |
| Do you have sweetener? | **¿Tienen sacarina?**<br>¿**tye**-nen sa-ka-**ree**-na? |
| A bottle of mineral water | **Una botella de agua mineral**<br>**oo**na bo-**te**-lya de **a**-gwa mee-ne-**ral** |
| sparkling | **con gas**<br>kon gas |
| still | **sin gas**<br>sin gas |

## Other drinks to try

**un café con hielo** iced coffee

**un chocolate** thick hot chocolate, often served with **churros**

**una horchata** refreshing tiger nut (chufa nut) milk

**un zumo** juice

**un zumo de melocotón** peach juice

**un zumo de tomate** tomato juice

**un anís** aniseed apéritif

**un batido** milkshake

**un batido de chocolate** chocolate milkshake

**un batido de fresa** strawberry milkshake

**un batido de vainilla** vanilla milkshake

# Reading the menu

Restaurants will usually have the menu displayed next to the entrance. If you don't want a full meal, **tapas** are an ideal way of trying out the different tastes of Spain. There are different varieties of **tapas** depending on the region. A larger portion of **tapas** is called a **ración**. A **pincho** is a **tapa** on a cocktail stick.

**platos combinados** usually meat or fish served with rice, chips or potatoes and vegetables

**menú del día** three-course meal often including wine

**desayunos y meriendas** breakfasts and snacks

| | |
|---|---|
| **la carta** | the menu |
| **entremeses** | starters |
| **sopas** | soups |
| **ensaladas** | salads |
| **carnes** | meat |
| **pescados** | fish |
| **huevos** | egg dishes |
| **pastas** | pasta dishes |
| **arroz** | rice dishes |
| **quesos** | cheese |
| **postres** | desserts |
| **bebidas** | drinks |
| **casero(a)** | homemade |
| **la especialidad local** | local delicacy |

# In a restaurant

Tipping in Spanish restaurants is not customary and is always seen as a reward for excellent service. If you are happy with your meal, you can tip a few euros as a sign of satisfaction.

| | |
|---|---|
| A table for ... people, please | **Una mesa para ..., por favor**<br>**oo**na **me**-sa pa-ra ..., por fa-**bor** |
| The menu, please | **La carta, por favor**<br>la **kar**ta, por fa-**bor** |
| What is the dish of the day? | **¿Cuál es el plato del día?**<br>¿kwal es el **pla**-to del **dee**-a? |
| Do you have...? | **¿Tienen...?**<br>¿**tye**-nen...? |
| a children's menu | **menú para niños**<br>me-**noo** pa-ra **nee**nyos |
| a high chair | **una trona**<br>**oo**na **tro**-na |
| Can you recommend a local dish? | **¿Puede recomendarme algún plato típico de aquí?**<br>¿**pwe**-de re-ko-men-**dar**me al**goon pla**-to **tee**-pee-ko de a-**kee**? |
| Is there a set menu? | **¿Tienen menú del día?**<br>¿**tye**-nen me-**noo** del **dee**-a? |
| This isn't what I ordered | **No he pedido esto**<br>no e pe-**dee**-do **es**to |

| | | |
|---|---|---|
| The ... is too... | **El/la ... está demasiado...** | el/la ... es-**ta** de-ma-**sya**-do... |

| | | |
|---|---|---|
| cold | **frío(a)** | **free**-o(a) |
| greasy | **grasiento(a)** | gra-**syen**-to |
| rare | **poco hecho(a)** | **po**-ko **e**-cho(a) |
| salty | **salado(a)** | sa-**la**-do(a) |
| spicy | **picante** | pee-**kan**-te |
| warm | **templado(a)** | tem-**pla**-do(a) |
| well done | **muy hecho(a)** | mwee **e**-cho(a) |

**FACE TO FACE**

**Querría reservar una mesa para ... personas**
ke-**rree**-a re-sair-**bar oo**na **me**-sa pa-ra ... pair-**so**-nas
I'd like to book a table for ... people

**¿Para cuándo?**
¿pa-ra **kwan**do?
When for?

**Para esta noche .../para mañana por la noche .../para las ocho**
pa-ra **es**ta **no**-che .../pa-ra ma-**nya**-na por la **no**-che .../pa-ra las **o**-cho
For tonight .../for tomorrow night .../for 8 o'clock

| | | |
|---|---|---|
| What is in this? | **¿Qué lleva este plato?** | ¿ke **lye**-ba **es**te **pla**-to? |
| I'll have this | **Voy a tomar esto** | boy a to-**mar es**to |

| | |
|---|---|
| Excuse me! | **¡Oiga, por favor!**<br>i**oy**ga, por fa-**bor**! |
| Can you bring us...? | **¿Nos trae...?**<br>¿nos **tra**-e...? |
| more bread | **más pan**<br>mas pan |
| more water | **más agua**<br>mas **a**-gwa |
| another bottle | **otra botella**<br>**o**-tra bo-**te**-lya |
| the bill | **la cuenta**<br>la **kwen**ta |
| Is service included? | **¿Está incluido el servicio?**<br>¿es**ta** een-kloo-**ee**-do el sair-**bee**-thyo? |

# Dietary requirements

| | |
|---|---|
| Are there any vegetarian restaurants here? | **¿Hay algún restaurante vegetariano aquí?**<br>¿**a**ee al**goon** res-tow-**ran**-te be-khe-ta-**rya**-no a-**kee**? |
| Do you have any vegetarian dishes? | **¿Tienen algún plato vegetariano?**<br>¿**tye**-nen al**goon pla**-to be-khe-ta-**rya**-no? |

| | |
|---|---|
| What fish dishes do you have? | **¿Qué tienen de pescado?**<br>¿ke **tye**-nen de pes-**ka**-do? |
| Is it made with vegetable stock? | **¿Está hecho con caldo de verduras?**<br>¿es**ta e**-cho kon **kal**do de bair-**doo**-ras? |
| I have a ... allergy | **Soy alérgico a...**<br>soy a-**lair**-khee-ko a... |
| Does it contain...? | **¿Lleva...?**<br>¿lye-va...? |
| I don't eat... | **No como...**<br>no **ko**-mo... |

| | | |
|---|---|---|
| coeliac | **el celíaco/ la celíaca** | the-**lya**-ko/ the-**lya**-ka |
| dairy | **los productos lácteos** | pro-**dook**-tos **lak**-te-os |
| gluten | **el gluten** | **gloo**ten |
| halal | **halal** | kha-**lal** |
| nuts | **los frutos secos** | **froo**tos **se**-kos |
| organic | **ecológico(a)** | eko-**lo**-khee-ko(a) |
| vegan | **el vegano/ la vegana** | be-**ga**-no/ be-**ga**-na |
| wheat | **el trigo** | **tree**-go |

# Wines and spirits

| | |
|---|---|
| The wine list, please | **La carta de vinos, por favor**<br>la **kar**ta de **bee**nos, por fa-**bor** |
| Can you recommend a good wine? | **¿Puede recomendarme un buen vino?**<br>¿**pwe**-de re-ko-men-**dar**me oon bwen **bee**no? |
| A bottle... | **Una botella...**<br>**oo**na bo-**te**-lya... |
| A carafe... | **Una jarra...**<br>**oo**na **kha**-rra... |
| of the house wine | **de vino de la casa**<br>de **bee**no de la **ka**-sa |
| of red wine | **de vino tinto**<br>de **bee**no **teen**to |
| of white wine | **de vino blanco**<br>de **bee**no **blan**ko |

## Wines

**Albariño** smooth white wine from Galicia

**Cariñena** mainly red wines, best drunk young, from Aragón

**Cava** good quality sparkling white wine from Penedés (similar to Champagne)

**Lágrima** one of the best of the **Málaga** wines, very sweet

**Málaga** fortified, sweet, dark dessert wine

**Penedés** fine reds, rosés and whites from the home of **Cava**

**Ribeiro** young, fresh, white wines from Galicia

**Ribera del Duero** fruity rosés and deep distinguished reds from the banks of the river Duero in Castilla-León

**Rioja** some of the finest red wines of Spain: full-bodied, rich and aged in oak. Also good white Riojas aged in oak

**Valdepeñas** soft, fruity, red wines and white wines

## Types of sherry

**Jerez** sherry

**Fino** light, dry sherry, usually served chilled as an apéritif

**Amontillado** dry, nutty, amber sherry made from matured **fino**

**Oloroso** a dark, rich sherry which has been aged. It is often sweetened and sold as a cream sherry

**Palo cortado** midway between an **oloroso** and a **fino**

## Other drinks

What liqueurs do you have? **¿Qué licores tienen?**
¿ke lee-**ko**-res **tye**-nen?

**Anís** aniseed-flavoured liqueur

**Coñac** Spanish brandy

**Orujo** strong spirit made from grape pressings

**Pacharán** sloe brandy

**Ron** rum

**Sidra** dry cider from Asturias

# Menu reader



**aceite de oliva** olive oil
**aceitunas** olives
**aceitunas rellenas** stuffed olives
**adobo, ...en** marinated
**agua mineral** mineral water
**agua con gas** sparkling water
**agua sin gas** still water
**ahumado** smoked
**ajillo, ...al** with garlic
**albóndigas** meatballs in sauce
**aliño** dressing
**alioli/allioli** olive oil and garlic mashed together into a creamy paste similar to mayonnaise. Served with meat, potatoes or fish
**almejas a la marinera** steamed clams cooked with parsley, wine and garlic
**alubias** large white beans found in many stews
**angulas** baby eels, highly prized
**arroz a la cubana** rice with fried egg and tomato sauce
**arroz con leche** rice pudding
**arroz negro** black rice (with squid in its own ink)
**asado** roasted
**asadillo** roasted sliced red peppers in olive oil and garlic

**atún** tuna (usually fresh)
**bacalao** salt cod, cod
**bacalao a la vizcaína** salt cod cooked with dried peppers, onions and parsley
**bacalao al pil-pil** salt cod cooked in a creamy garlic and olive oil sauce – a Basque speciality
**bacalao con patatas** salt cod slowly baked with potatoes, peppers, tomatoes, onions, olives and bay leaves
**bandeja de quesos** cheese platter
**barbacoa, ...a la** barbecued
**bizcocho borracho** rum baba
**bocadillo** sandwich (French bread)
**bocadillo (de...)** sandwich
**bonito** tunny fish, lighter than tuna, good grilled
**boquerones** fresh anchovies
**boquerones en vinagre** fresh anchovies marinated in garlic, parsley, olive oil and vinegar
**boquerones fritos** fried anchovies
**brasa, ...a la** barbecued
**buñuelos** type of fritter. Savoury ones are filled with cheese, ham, mussels or prawns. Sweet ones can be filled with fruit
**buñuelos de bacalao** salt cod fritters
**butifarra** special sausage from Catalonia
**butifarra blanca** white sausage containing pork and tripe
**butifarra negra** black sausage containing pig's blood, pork belly and spices
**cabrito** kid (goat)

**cabrito al horno** roast kid
**café con leche** white coffee
**café cortado** coffee with a dash of milk
**café descafeinado** decaffeinated coffee
**café solo** black coffee
**calabaza guisada** stewed pumpkin
**calamares en su tinta** squid cooked in its own ink
**calamares fritos** fried squid
**calamares rellenos** stuffed squid
**caldereta** stew/casserole
**caldo** clear soup
**caldo de pescado** fish soup
**caldo gallego** clear soup with green vegetables, beans, pork and **chorizo**
**caliente** hot
**callos** tripe
**caracoles** snails
**carajillo** black coffee with brandy which may be set alight depending on regional customs
**carne de buey** beef
**cazuela de fideos** bean, meat and noodle stew
**cebollas rellenas** stuffed onions
**cebollas rojas** red onions
**cerdo asado** roast pork
**chilindrón, ...al** sauce made with pepper, tomato, fried onions and meat (pork or lamb)
**chistorra** spicy sausage from Navarra
**chocolate** either chocolate (for eating) or a thick hot chocolate: **un chocolate**

**chorizo** spicy red sausage. The larger type is eaten like salami, the individual sausage type is cooked in various dishes
**chuleta** chop
**chuletón** large steak
**churrasco** barbecued steak
**churros** fried batter sticks sprinkled with sugar, usually eaten with thick hot chocolate
**cigalas** langoustines
**coca (coques)** type of pizza with meat, fish or vegetables served in Catalonia and the Balearic Islands.
**cochinillo** roast suckling pig
**cocido** stew made with various meats, vegetables and chickpeas. There are regional variations of this dish and it is worth trying the local version
**cocochas** hake's cheek, usually fried
**cóctel de gambas** prawn cocktail
**codillo de cerdo** roast pork trotter
**consomé** consommé
**copa de helado** ice-cream sundae
**costillas de cerdo** pork ribs
**crema** cream soup/cream
**crema catalana** similar to crème brûlée
**croquetas** croquettes (made with thick béchamel sauce)
**crudo** raw
**cuajada** cream-based dessert like junket, served with honey or sugar
**cucurucho de helado** ice-cream cone

**descafeinado** decaffeinated
**dorada a la sal** sea bream with a salt crust, cooked in the oven
**dorada al horno** baked sea bream
**dulce** sweet
**dulces** cakes and pastries
**embutido** sausage, cold meat
**empanada** pastry/pie filled with meat or fish and vegetables
**empanadilla** pasty/small pie filled with meat or fish
**empanado** breadcrumbed and fried
**ensaimada** sweet spiral-shaped yeast bun from Majorca
**ensalada (mixta/verde)** (mixed/green) salad
**ensalada de la casa** lettuce, tomato and onion salad (may include tuna)
**ensaladilla rusa** potato salad with diced vegetables, hard-boiled eggs and mayonnaise
**entremeses** starters
**escabeche, ...en** pickled
**escalfado** poached
**escalivada** salad of chargrilled or baked vegetables such as peppers and aubergines soaked in olive oil
**escalope de ternera** veal/beef escalope
**escudella** meat, vegetable and chickpea stew. Traditionally served as two courses: a soup and then the cooked meat and vegetables
**esqueixada** salad made with salt cod
**estofado** braised/stewed

**fabada asturiana** pork, cured ham, black pudding, large butter beans or sausage stew with **chorizo** and **morcilla**
**fiambres** cold meats
**fideos** noodles/thin ribbons of pasta (vermicelli)
**filete** fillet steak
**filete de ternera** veal/beef steak
**filetes de lenguado** sole fillets
**flan** crème caramel
**frito** fried
**fritura de pescado** fried fish platter
**gallina** hen
**gambas a la plancha** grilled prawns
**gambas al ajillo** grilled prawns with garlic
**gambas al pil-pil** sizzling prawns cooked with chillies
**gazpacho** traditional cold tomato soup of southern Spain. There are many different recipes. Basic ingredients are water, tomatoes, garlic, fresh breadcrumbs, salt, vinegar and olive oil. Sometimes served with diced cucumber, hardboiled eggs and cured ham
**gran reserva** classification given to aged wines of exceptional quality
**granizado** fruit drink (usually lemon) with crushed ice
**gratinado** au gratin
**grelos** young turnip tops
**guisado** stew or casserole
**gulas** a cheap alternative to **angulas**, made of fish (mainly haddock) and squid ink

**habas** broad beans
**hervido** boiled
**horchata de chufas** cool drink made with tiger (chufa) nuts
**horno, ...al** baked (in oven)
**huevos a la flamenca** baked eggs with tomatoes, peas, peppers, asparagus and **chorizo**
**ibéricos** traditional Spanish gourmet products; a **surtido de ibéricos** means assorted products such as cured ham, cheese, **chorizo** and **salchichón**
**infusión** herbal tea
**jamón de Jabugo** Andalusian prime-quality cured ham (from Jabugo, a small town in Huelva)
**jamón serrano** dark cured ham
**jamón (de) York** cooked ham
**judías blancas** haricot beans
**judías verdes** green beans
**jurel** horse mackerel
**lacón con grelos** salted pork with young turnip tops and white cabbage
**leche frita** very thick custard dipped into an egg and breadcrumb mixture, fried and served hot
**legumbres** fresh or dried pulses
**lentejas** lentils (very popular in Spain)
**lomo** loin of pork
**longaniza** spicy pork sausage
**macedonia de fruta** fruit salad
**manitas de cerdo** pig's trotters
**manzanilla** camomile tea; also a very dry sherry from Sanlúcar de Barrameda

**mariscada** shellfish platter
**marmitako** tuna fish and potato stew
**medallón** thick steak (medallion)
**melocotón en almíbar** peaches in syrup
**menestra de verduras** fresh vegetable stew often cooked with cured ham
**merluza** hake, one of the most popular fish in Spain
**mojama** cured tuna fish, a delicacy
**mojo** a sauce made from olive oil, vinegar, garlic and different spices. Paprika is added for the red **mojo**. Predominantly found in the Canaries
**mojo picón** spicy **mojo** made with chilli peppers
**mojo verde mojo** made with fresh coriander
**mollejas** sweetbreads
**morcilla** black pudding
**moros y cristianos** rice, black beans and onions with garlic sausage
**natillas** type of custard
**navajas** razor clams
**nécora** sea crab
**níspero** medlar
**olla** stew made traditionally with white beans, beef and bacon
**olla gitana** thick stew/soup made with chickpeas, pork and vegetables and flavoured with almonds and saffron
**olla podrida** thick cured ham, vegetable and chickpea stew/soup
**paella** one of the most famous of Spanish dishes. Paella varies from region to region but usually

consists of rice, chicken, shellfish, vegetables, garlic and saffron. The traditional paella Valenciana contains rabbit and chicken
**parrilla, ...a la** grilled
**pastel** cake/pastry
**patatas bravas** fried diced potatoes mixed with a garlic, oil and vinegar dressing and flavoured with tomatoes and red chilli peppers
**patatas fritas** chips/crisps
**pechuga de pollo** chicken breast
**pepitoria de pavo/pollo** turkey/chicken fricassée
**percebes** goose-neck barnacles, a Galician shellfish
**pescaíto frito** fried fish platter
**pez espada** swordfish
**pimienta** pepper (spice)
**pimientos de piquillo** pickled red peppers
**pimientos morrones** sweet red peppers
**pimientos de Padrón** Padrón peppers, small, green peppers from Galicia that can be mild or spicy
**pimientos rellenos** peppers stuffed with meat or fish
**pinchos** small tapas
**pinchos morunos** pork grilled on a skewer
**plancha, ...a la** grilled
**pollo al chilindrón** chicken cooked with onion, ham, garlic, red pepper and tomatoes
**pollo en pepitoria** breaded chicken pieces casseroled with herbs, almonds, garlic and sherry
**polvorones** very crumbly cakes made with almonds and often eaten with a glass of **anís**

**porras** a larger version of **churros**, common in some parts of Spain
**potaje** thick soup/stew often with pork and pulses
**pote** thick soup with beans and sausage which has many regional variations
**pote gallego** thick soup made with cabbage, white kidney beans, potatoes, pork and sausage
**puchero** hotpot made from meat or fish
**puchero canario** salted fish and potatoes served with **mojo** sauce
**puré de patatas** mashed potatoes
**queimada** warm drink made with **aguardiente** (pale brandy) sweetened with sugar and flamed, a speciality of Galicia
**queso de oveja** mild sheep's cheese
**queso fresco** soft fresh cheese
**rabo de toro** bull's tail, usually cooked in a stew
**rape** monkfish
**rebozado** in batter
**rehogado** lightly fried
**relleno** stuffed
**revuelto** scrambled eggs often cooked with another ingredient
**riñones al jerez** kidneys in sherry sauce
**rodaballo** turbot
**romana, ...a la** fried in batter (generally squid – **calamares**)
**romesco** sauce made traditionally with olive oil, red pepper and bread. Other ingredients are often added, such as almonds and garlic

**salchichón** salami-type sausage
**salmón ahumado** smoked salmon
**salmonete** red mullet
**salpicón** chopped seafood or meat with tomato, onion, garlic and peppers
**salsa verde** garlic, olive oil and parsley sauce
**salteado** sautéed
**sandía** watermelon
**sardinas** sardines
**sesos** brains
**setas** wild mushrooms
**sobrasada** a paprika-flavoured pork sausage from Mallorca
**sofrito** basic sauce made with gently fried onions, garlic and tomato
**solomillo** sirloin
**sopa de ajo** garlic soup with bread. May contain poached egg or cured ham
**tapas** appetizers; snacks
**tarta** cake or tart
**tarta helada** ice-cream cake
**tocinillo (de cielo)** dessert made with egg yolk and sugar
**torrija** French toast
**tortilla (española)** traditional Spanish omelette, made with potato and onion and often served as a tapa
**turrón** nougat
**turrón de Alicante, turrón duro** hard nougat
**turrón de Jijona, turrón blando** soft nougat

**vapor, ...al** steamed
**verduras** vegetables
**yemas** small cakes that look like egg yolks
**zarzuela de mariscos** mixed seafood with wine and saffron
**zarzuela de pescado** fish stew
**zumo de melocotón** peach juice
**zumo de naranja** orange juice
**zumo de tomate** tomato juice

# Reference

## Alphabet

The letter **ñ** is an additional character in the Spanish alphabet. Below is a list of words used for clarification when spelling something out.

| | |
|---|---|
| **¿Cómo se escribe?**<br>¿**ko**-mo se es **kree**-be? | How do you spell it? |
| **A de Antonio, B de Barcelona**<br>a de an-**to**-nyo, be de bar-the-**lo**-na | A for Antonio, B for Barcelona |

| | | | |
|---|---|---|---|
| **A** | a | **Antonio** | an-**to**-nyo |
| **B** | be | **Barcelona** | bar-the-**lo**-na |
| **C** | the (as in ***thing***) | **Carmen** | **kar**men |
| **D** | de | **Dolores** | do-**lo**-res |
| **E** | e | **Enrique** | en-**ree**-ke |
| **F** | **e**-fe | **Francia** | **fran**thya |
| **G** | khe | **Gerona** | khe-**ro**-na |
| **H** | **a**-che | **Historia** | ees-**to**-rya |

| | | | |
|---|---|---|---|
| **I** | ee | **Inés** | ee**nes** |
| **J** | **kho**-ta | **José** | kho-**se** |
| **K** | ka | **Kilo** | **kee**lo |
| **L** | **e**-le | **Lorenzo** | lo-**ren**-tho |
| **M** | **e**-me | **Madrid** | ma-**dreed** |
| **N** | **e**-ne | **Navarra** | na-**ba**-rra |
| **Ñ** | **e**-nye | **Ñoño** | **nyo**-nyo |
| **O** | o | **Oviedo** | o-**bye**-do |
| **P** | pe | **París** | pa-**rees** |
| **Q** | koo | **Querido** | ke-**ree**-do |
| **R** | **e**-re | **Carta** | **kar**ta |
| **S** | **e**-se | **Sábado** | **sa**-ba-do |
| **T** | te | **Tarragona** | ta-rra-**go**-na |
| **U** | oo | **Ulises** | oo-**lee**-ses |
| **V** | **oo**be | **Valencia** | ba-**len**-thya |
| **W** | **oo**be **do**-ble | **Washington** | **wa**-sheen-ton |
| **X** | **e**-kees | **Xilófono** | see-**lo**-fo-no |
| **Y** | ee **grye**-ga | **Yegua** | **ye**-gwa |
| **Z** | **the**-ta | **Zaragoza** | tha-ra-**go**-tha |

# Measurements and quantities

1 lb = approx. 0.5 kilo
1 pint = approx. 0.5 litre

## Liquids

| | |
|---|---|
| 1/2 litre of... | **medio litro de...**<br>**me**-dyo **lee**tro de... |
| a litre of... | **un litro de...**<br>oon **lee**tro de... |
| 1/2 bottle of... | **media botella de...**<br>**me**-dya bo-**te**-lya de... |
| a bottle of... | **una botella de...**<br>**oo**na bo-**te**-lya de... |
| a glass of... | **un vaso de...**<br>oon **ba**-so de... |

## Weights

| | |
|---|---|
| 100 grams of... | **cien gramos de...**<br>thyen **gra**-mos de... |
| 1/2 kilo of... | **medio kilo de...**<br>**me**-dyo **kee**lo de... |
| a kilo of... | **un kilo de...**<br>oon **kee**lo de... |

## Food

| | |
|---|---|
| a slice of... | **una loncha de...**<br>**oo**na **lon**cha de... |
| a portion of... | **una ración de...**<br>**oo**na ra-**thyon** de... |
| a dozen... | **una docena de...**<br>**oo**na do-**the**-na de... |

| | |
|---|---|
| a box of... | **una caja de...**<br>**oo**na **ka**-kha de... |
| a packet of... | **un paquete de...**<br>oon pa-**ke**-te de... |
| a tin of... | **una lata de...**<br>**oo**na **la**-ta de... |
| a jar of... | **un tarro de...**<br>oon **ta**-rro de... |

## Miscellaneous

| | |
|---|---|
| 10 euros worth of... | **diez euros de...**<br>dyeth **eoo**-ros de... |
| a quarter | **un cuarto**<br>oon **kwar**to |
| ten per cent | **el diez por ciento**<br>el dyeth por **thyen**to |
| more... | **más...**<br>mas... |
| less... | **menos...**<br>**me**-nos... |
| enough | **bastante**<br>bas-**tan**-te |
| double | **el doble**<br>el **do**-ble |
| twice | **dos veces**<br>dos **be**-thes |

# Numbers

| | |
|---|---|
| 0 | **cero the**-ro |
| 1 | **uno oo**no |
| 2 | **dos** dos |
| 3 | **tres** tres |
| 4 | **cuatro kwa**-tro |
| 5 | **cinco theen**ko |
| 6 | **seis** seys |
| 7 | **siete sye**-te |
| 8 | **ocho o**-cho |
| 9 | **nueve nwe**-be |
| 10 | **diez** dyeth |
| 11 | **once on**the |
| 12 | **doce do**-the |
| 13 | **trece tre**-the |
| 14 | **catorce** ka-**tor**-the |
| 15 | **quince keen**the |
| 16 | **dieciséis** dye-thee-**seys** |
| 17 | **diecisiete** dye-thee-**sye**-te |
| 18 | **dieciocho** dye-thee-**o**-cho |
| 19 | **diecinueve** dye-thee-**nwe**-be |
| 20 | **veinte beyn**te |
| 21 | **veintiuno** beyn-tee-**oo**-no |
| 22 | **veintidós** beyn-tee-**dos** |

| | |
|---|---|
| 23 | **veintitrés** beyn-tee-**tres** |
| 24 | **veinticuatro** beyn-tee-**kwa**-tro |
| 30 | **treinta** **treyn**ta |
| 40 | **cuarenta** kwa-**ren**-ta |
| 50 | **cincuenta** theen-**kwen**-ta |
| 60 | **sesenta** se-**sen**-ta |
| 70 | **setenta** se-**ten**-ta |
| 80 | **ochenta** o-**chen**-ta |
| 90 | **noventa** no-**ben**-ta |
| 100 | **cien** thyen |
| 110 | **ciento diez** **thyen**to dyeth |
| 500 | **quinientos** kee-**nyen**-tos |
| 1,000 | **mil** meel |
| 2,000 | **dos mil** dos meel |
| 1 million | **un millón** oon mee**lyon** |

1st **primer(o) 1er/1º**
pree-**mer**(o)

2nd **segundo 2º**
se-**goon**-do

3rd **tercer(o) 3er/3º**
tair-**ther**(o)

4th **cuarto 4º**
**kwar**to

5th **quinto 5º**
**keen**to

6th **sexto 6º**
**seks**to

7th **séptimo 7º**
**sep**-tee-mo

8th **octavo 8º**
ok-**ta**-bo

9th **noveno 9º**
no-**be**-no

10th **décimo 10º**
**de**-thee-mo

# Days and months

## Days

| | | |
|---|---|---|
| Monday | **lunes** | **loo**nes |
| Tuesday | **martes** | **mar**tes |
| Wednesday | **miércoles** | **myair**-ko-les |
| Thursday | **jueves** | **khwe**-bes |
| Friday | **viernes** | **byair**nes |
| Saturday | **sábado** | **sa**-ba-do |
| Sunday | **domingo** | do-**meen**-go |

## Months

| | | |
|---|---|---|
| January | **enero** | e-**ne**-ro |
| February | **febrero** | fe-**bre**-ro |
| March | **marzo** | **mar**tho |
| April | **abril** | a-**breel** |
| May | **mayo** | **ma**-yo |
| June | **junio** | **khoo**nyo |
| July | **julio** | **khoo**lyo |
| August | **agosto** | a-**gos**-to |
| September | **septiembre** | sep-**tyem**-bre |
| October | **octubre** | ok-**too**-bre |
| November | **noviembre** | no-**byem**-bre |
| December | **diciembre** | dee-**thyem**-bre |

## Seasons

| | | |
|---|---|---|
| spring | **la primavera** | la pree-ma-**be**-ra |
| summer | **el verano** | el be-**ra**-no |
| autumn | **el otoño** | el o-**to**-nyo |
| winter | **el invierno** | el een-**byair**-no |

| | |
|---|---|
| What is today's date? | **¿Qué fecha es hoy?**<br>¿ke **fe**-cha es oy? |
| What day is it today? | **¿Qué día es hoy?**<br>¿ke **dee**-a es oy? |
| It's the 5th of July 2016 | **Es el cinco de julio de dos mil dieciséis**<br>es el **theen**ko de **khoo**lyo de dos meel dye-thee-**seys** |
| on Saturday | **el sábado**<br>el **sa**-ba-do |
| on Saturdays | **los sábados**<br>los **sa**-ba-dos |
| every Saturday | **todos los sábados**<br>**to**-dos los **sa**-ba-dos |
| this Saturday | **este sábado**<br>**es**te **sa**-ba-do |
| next Saturday | **el sábado que viene**<br>el **sa**-ba-do ke **bye**-ne |
| last Saturday | **el sábado pasado**<br>el **sa**-ba-do pa-**sa**-do |
| in June | **en junio**<br>en **khoo**nyo |

| | |
|---|---|
| at the beginning of June | **a primeros de junio**<br>a pree-**me**-ros de **khoo**nyo |
| at the end of June | **a finales de junio**<br>a fee-**na**-les de **khoo**nyo |
| before summer | **antes del verano**<br>**an**tes del be-**ra**-no |
| during the summer | **en el verano**<br>en el be-**ra**-no |
| after summer | **después del verano**<br>des**pwes** del be-**ra**-no |

# Time

The 24-hour clock is used a lot more in Europe than in Britain. After 12.00 midday, it continues: **13.00 – las trece**, **14.00 – las catorce**, **15.00 – las quince**, etc. until **24.00 – las veinticuatro**. With the 24-hour clock, the words **cuarto** (quarter) and **media** (half) aren't used:

| | |
|---|---|
| 13.15 (1.15 p.m.) | **las trece quince/ (la una y cuarto)**<br>las **tre**-the **keen**the/ (la oona ee **kwar**to) |
| 19.30 (7.30 p.m.) | **las diecinueve treinta/ (las siete y media)**<br>las dye-thee-**nwe**-be **treyn**ta/ las **sye**-te ee **me**-dya |

| | |
|---|---|
| 22.45<br>(10.45 p.m.) | **las veintidós cuarenta y cinco/ (las once menos cuarto)**<br>las beyn-tee-**dos** kwa-**ren**-ta ee **theen**ko/las **on**the **me**-nos **kwar**-to |
| What time is it, please? | **¿Qué hora es, por favor?**<br>¿ke **o**-ra es, por fa-**bor**? |
| a.m. | **de la mañana**<br>de la ma-**nya**-na |
| p.m. | **de la tarde**<br>de la **tar**de |
| It's... | **Son...**<br>son... |
| 2 o'clock | **las dos**<br>las dos |
| 3 o'clock | **las tres**<br>las tres |
| It's 1 o'clock | **Es la una**<br>es la **oo**na |
| It's 12.00 midday | **Son las doce del mediodía**<br>son las **do**-the del me-dyo-**dee**-a |
| At midnight | **A medianoche**<br>a me-dya-**no**-che |
| 9 | **las nueve**<br>las **nwe**-be |
| 9.10 | **las nueve y diez**<br>las **nwe**-be ee dyeth |
| quarter past 9 | **las nueve y cuarto**<br>las **nwe**-be ee **kwar**to |

| | |
|---|---|
| 9.20 | **las nueve y veinte**<br>las **nwe**-be ee **beyn**te |
| 9.30 | **las nueve y media**<br>las **nwe**-be ee **me**-dya |
| 9.35 | **las diez menos veinticinco**<br>las dyeth **me**-nos<br>beyn-tee-**theen**-ko |
| quarter to 10 | **las diez menos cuarto**<br>las dyeth **me**-nos **kwar**to |
| 10 to 10 | **las diez menos diez**<br>las dyeth **me**-nos dyeth |

# Time phrases

| | |
|---|---|
| When does it open/close? | **¿Cuándo abre/cierra?**<br>¿**kwan**do **a**-bre/**thye**-rra? |
| When does it begin/finish? | **¿Cuándo empieza/termina?**<br>¿**kwan**do em-**pye**-tha/<br>tair-**mee**-na? |
| at 3 o'clock | **a las tres**<br>a las tres |
| before 3 o'clock | **antes de las tres**<br>**an**tes de las tres |
| after 3 o'clock | **después de las tres**<br>des**pwes** de las tres |
| today | **hoy**<br>oy |

| | |
|---|---|
| tonight | **esta noche**<br>**es**ta **no**-che |
| tomorrow | **mañana**<br>ma-**nya**-na |
| yesterday | **ayer**<br>a-**yair** |
| in the morning | **por la mañana**<br>por la ma-**nya**-na |
| this morning | **esta mañana**<br>**es**ta ma-**nya**-na |
| in the afternoon | **por la tarde** (until dusk)<br>por la **tar**de |
| in the evening | **por la tarde/por la noche**<br>(late evening or night)<br>por la **tar**de/por la **no**-che |

# Public holidays

| | |
|---|---|
| January 1 | **Año Nuevo** New Year's Day |
| January 6 | **Día de Reyes** Epiphany or the Adoration of the Magi |
| May 1 | **Día del Trabajo** Labour Day |
| August 15 | **La Asunción** Assumption Day |
| October 12 | **Día de la Hispanidad** Spain's National Day |
| November 1 | **Día de Todos los Santos** All Saints' Day |
| December 6 | **Día de la Constitución** Constitution Day |
| December 8 | **Día de la Inmaculada** Inmaculate Conception |
| December 25 | **Día de Navidad** Christmas Day |
| Variable | **Jueves y Viernes Santo** Maundy Thursday and Good Friday |

As well as the above national holidays, each town celebrates the feast day of its patron saint, which differs from town to town.

# Phonetic map

When travelling in Spain, you will need to bear in mind that place names as we know them are not necessarily the same in Spanish. Imagine if you wanted to buy tickets at a train station but couldn't see your destination on the departures list! This handy map eliminates such problems by indicating the locations and local pronunciations of major towns and cities.

# Grammar

## Nouns

Unlike English, Spanish nouns have a gender: they are either masculine (**el**) or feminine (**la**). Therefore words for 'the' and 'a(n)' must agree with the noun they accompany – whether masculine, feminine or plural:

| | masculine | feminine | plural |
|---|---|---|---|
| the | **el gato** | **la plaza** | **los gatos, las plazas** |
| a, an | **un gato** | **una plaza** | **unos gatos, unas plazas** |

The ending of the noun will usually indicate whether it is masculine or feminine:

**-o** or **-or** are generally masculine

**-a**, **-dad**, **-ión**, **-tud**, **-umbre** are generally feminine

The articles **el** and **la** become **los** and **las** in the plural. Nouns ending with a vowel become plural by adding **-s**:

**el gato → los gatos**

**la plaza → las plazas**

**la calle → las calles**

If the noun ends in a consonant, **-es** is added:

**el color → los colores**

**la ciudad → las ciudades**

Nouns ending in **-z** change their ending to **-ces** in the plural:

**el lápiz → los lápices**

**la voz → las voces**

# Adjectives

Adjectives normally follow the nouns they describe in Spanish, e.g. **la manzana roja** (the red apple). Spanish adjectives also reflect the gender of the noun they describe. To make an adjective feminine, the masculine **-o** ending is changed to **-a**; and the endings **-án**, **-ón**, **-or**, **-és** change to **-ana**, **-ona**, **-ora**, **-esa** (adjectives ending in **-e** don't change):

| masculine | | feminine | |
|---|---|---|---|
| the red book | **el libro rojo** | the red apple | **la manzana roja** |
| the talkative man | **el hombre hablador** | the talkative woman | **la mujer habladora** |

To make an adjective plural an **-s** is added to the singular form if it ends in a vowel. If the adjective ends in a consonant, **-es** is added:

| masculine | | feminine | |
|---|---|---|---|
| the red books | **los libros rojos** | the red apples | **las manzanas rojas** |
| the talkative men | **los hombres habladores** | the talkative women | **las mujeres habladoras** |

# My, your, his, her...

These words also depend on the gender and number of the noun they accompany and not on the sex of the 'owner'.

| | with masc. sing. noun | with fem. sing. noun | with plural nouns |
|---|---|---|---|
| my | **mi** | **mi** | **mis** |
| your (familiar sing.) | **tu** | **tu** | **tus** |
| your (polite sing.) | **su** | **su** | **sus** |
| his/her/its | **su** | **su** | **sus** |
| our | **nuestro** | **nuestra** | **nuestros/ nuestras** |
| your (familiar pl.) | **vuestro** | **vuestra** | **vuestros/ vuestras** |
| your (polite pl.) | **su** | **su** | **sus** |
| their | **su** | **su** | **sus** |

There is no distinction between 'his' and 'her' in Spanish: **su billete** can mean either his or her ticket.

A pronoun is a word that you use to refer to someone or something when you do not need to use a noun, often because the person or thing has been mentioned earlier. Examples are 'it', 'she', 'something' and 'myself'.

# Pronouns

| | | | |
|---|---|---|---|
| I | **yo** | me | **me** |
| you (familiar sing.) | **tú** | you | **te** |
| you (polite sing.) | **usted (Ud.)** | you | **le** |
| he/it | **él** | him/it | **le, lo** |
| she/it | **ella** | her/it | **le, la** |
| we (masc.) (fem.) | **nosotros nosotras** | us | **nos** |
| you (masc.) (fem.) (familiar pl.) | **vosotros vosotras** | you | **os** |
| you (polite pl.) | **ustedes (Uds.)** | you | **les** |
| they (masc.) (fem.) | **ellos ellas** | them them | **les, los les, las** |

Subject pronouns (I, you, he, etc.) are generally omitted in Spanish, since the verb ending distinguishes the subject:

| | |
|---|---|
| **hablo** | I speak |
| **hablamos** | we speak |

Object pronouns are placed before the verb in Spanish:

| | |
|---|---|
| **la veo** | I see her |
| **los conocemos** | we know them |

However, in commands or requests they follow the verb:

| | |
|---|---|
| **¡ayúdame!** | help me! |
| **¡escúchale!** | listen to him! |

Except when they are expressed in the negative:

| | |
|---|---|
| **¡no me ayudes!** | don't help me! |
| **¡no le escuches!** | don't listen to him! |

The object pronouns shown above can be used to mean 'to me', 'to us', etc., but 'to him/to her' is **le** and 'to them' is **les**. If **le** and **les** occur in combinations with **lo/la/las/los** then **le/les** change to **se**, e.g. **se lo doy** (I give it to him).

# Verbs

A verb is a word such as 'sing', 'walk' or 'cry' which is used with a subject to say what someone or something does or what happens to them. Regular verbs follow the same pattern of endings. Irregular verbs do not follow a regular pattern so you need to learn the different endings.

There are three main patterns of endings for Spanish verbs – those ending **-ar**, **-er** and **-ir** in the dictionary.

| | | |
|---|---|---|
| | **cantar** | **to sing** |
| | **canto** | I sing |
| | **cantas** | you sing |
| (usted) | **canta** | (s)he sings/you sing |
| | **cantamos** | we sing |
| | **cantáis** | you sing |
| (ustedes) | **cantan** | they sing/you sing |

| | | |
|---|---|---|
| | **vivir** | **to live** |
| | **vivo** | I live |
| | **vives** | you live |
| (usted) | **vive** | (s)he lives/you live |
| | **vivimos** | we live |
| | **vivís** | you live |
| (ustedes) | **viven** | they live/you live |

| | | |
|---|---|---|
| | **comer** | **to eat** |
| | **como** | I eat |
| | **comes** | you eat |
| (usted) | **come** | (s)he eats/you eat |
| | **comemos** | we eat |
| | **coméis** | you eat |
| (ustedes) | **comen** | they eat/you eat |

In Spanish there are two ways of addressing people: the polite form (for people you don't know well or who are older) and the familiar form (for friends, family and children). The polite you is **usted** in the singular, and **ustedes** in the plural. You can see from above that **usted** uses the same verb ending as for he and she; **ustedes** the same ending as for they. Often the words **usted** and **ustedes** are omitted, but the verb ending itself indicates that you are using the polite form. The familiar words for you are **tú** (singular) and **vosotros/as** (plural).



# The verb 'to be'

There are two different Spanish verbs for 'to be' – **ser** and **estar**.

**Ser** is used to describe a permanent state:

| | |
|---|---|
| **soy inglés** | I am English |
| **es una playa** | it is a beach |

**Estar** is used to describe a temporary state or where something is located:

| | |
|---|---|
| **¿cómo está?** | how are you? |
| **¿dónde está la playa?** | where is the beach? |

| | ser | to be |
|---|---|---|
| | soy | I am |
| | eres | you are |
| (usted) | es | (s)he is/you are |
| | somos | we are |
| | sois | you are |
| (ustedes) | son | they are/you are |

| | estar | to be |
|---|---|---|
| | estoy | I am |
| | estás | you are |
| (usted) | está | (s)he is/you are |
| | estamos | we are |
| | estáis | you are |
| (ustedes) | están | they are/you are |

Other common irregular verbs include:

| | tener | to have |
|---|---|---|
| | tengo | I have |
| | tienes | you have |
| (usted) | tiene | (s)he has/you have |
| | tenemos | we have |
| | tenéis | you have |
| (ustedes) | tienen | they have/you have |

| | | |
|---|---|---|
| | **ir** | **to go** |
| | **voy** | I go |
| | **vas** | you go |
| (usted) | **va** | (s)he goes/you go |
| | **vamos** | we go |
| | **vais** | you go |
| (ustedes) | **van** | they go/you go |

| | | |
|---|---|---|
| | **querer** | **to want** |
| | **quiero** | I want |
| | **quieres** | you want |
| (usted) | **quiere** | (s)he wants/you want |
| | **queremos** | we want |
| | **queréis** | you want |
| (ustedes) | **quieren** | they want/you want |

| | | |
|---|---|---|
| | **hacer** | **to do** |
| | **hago** | I do |
| | **haces** | you do |
| (usted) | **hace** | (s)he does/you do |
| | **hacemos** | we do |
| | **hacéis** | you do |
| (ustedes) | **hacen** | they do/you do |

# A

| | | |
|---|---|---|
| **a(n)** | un(a) | oon/**oo**na |
| **about** (concerning) | sobre | **so**-bre |
| **above** | arriba; por encima | a-**rree**-ba; por en-**thee**-ma |
| **abroad** | en el extranjero | en el eks-tran-**khe**-ro |
| **access** | el acceso | ak-**the**-so |
| ***wheelchair access*** | el acceso para sillas de ruedas | |
| **accident** | el accidente | ak-thee-**den**-te |
| **accommodation** | el alojamiento | a-lo-kha-**myen**-to |
| **account** (bank, etc.) | la cuenta | **kwen**ta |
| **account number** | el número de cuenta | **noo**-me-ro de **kwen**ta |
| **to ache** | doler | do-**lair** |
| ***my head aches*** | me duele la cabeza | |
| **address** | la dirección | dee-rek-**thyon** |
| **admission charge/fee** | el precio de entrada | **pre**-thyo de en-**tra**-da |
| **adult** | el/la adulto(a) | a-**dool**-to(a) |
| **advance:** ***in advance*** | por adelantado | por a-de-lan-**ta**-do |
| **A&E** | las urgencias | oor-**khen**-thyas |
| **aeroplane** | el avión | a-**byon** |
| **after** | después | des**pwes** |
| **afternoon** | la tarde | **tar**de |
| ***this afternoon*** | esta tarde | |
| ***in the afternoon*** | por la tarde | |
| **again** | otra vez | **o**-tra beth |
| **age** | la edad | e-**dad** |
| **ago:** ***a week ago*** | hace una semana | **a**-the **oo**na se-**ma**-na |
| **air conditioning** | el aire acondicionado | **aee**-re a-kon-dee-thyo-**na**-do |
| **airport** | el aeropuerto | a-e-ro-**pwair**-to |
| **airport bus** | el autobús del aeropuerto | ow-to-**boos** del a-e-ro-**pwair**-to |
| **air ticket** | el billete de avión | bee-**lye**-te de a-**byon** |
| **alarm** | la alarma | a-**lar**-ma |
| **alarm clock** | el despertador | des-pair-ta-**dor** |

| | | |
|---|---|---|
| **alcohol** | el alcohol | al**kol** |
| **alcohol-free** | sin alcohol | seen al**kol** |
| **all** | todo(a)/todos(as) | **to**-do(a)/**to**-dos(as) |
| **allergic to** | alérgico(a) a | a-**lair**-khee-ko(a) a |
| ***I'm allergic to...*** | soy alérgico(a) a... | |
| **allergy** | la alergia | a-**lair**-khya |
| **all right** (agreed) | de acuerdo | de a-**kwair**-do |
| (OK) | vale | **ba**-le |
| ***are you all right?*** | ¿está bien? | |
| **alone** | solo(a) | **so**-lo(a) |
| **already** | ya | ya |
| **also** | también | tam**byen** |
| **always** | siempre | **syem**pre |
| **a.m.** | de la mañana | de la ma-**nya**-na |
| **ambulance** | la ambulancia | am-boo-**lan**-thya |
| **America** | Norteamérica | nor-te-a-**me**-ree-ka |
| **American** | norte americano(a) | nor-te-a-me-ree-**ka**-no(a) |
| **anaesthetic** | la anestesia | a-nes-**te**-sya |
| **and** | y | ee |
| **angina** | la angina (de pecho) | an-**khee**-na (de **pe**-cho) |
| **angry** | enfadado(a) | en-fa-**da**-do(a) |
| **another** | otro(a) | **o**-tro(a) |
| **answer** | la respuesta | res-**pwes**-ta |
| **to answer** | responder | res-pon-**dair** |
| **antibiotic** | el antibiótico | an-tee-**byo**-tee-ko |
| **antihistamine** | el antihistamínico | an-tee-eesta-**mee**-nee-ko |
| **antiseptic** | el antiséptico | an-tee-**sep**-tee-ko |
| **any** | alguno(a) | al-**goo**-no(a) |
| **anyone** | alguien | **al**gyen |
| **anything** | algo | **al**go |
| **apartment** | el apartamento | a-par-ta-**men**-to |
| **app** | la app | ap |
| **apple** | la manzana | man-**tha**-na |
| **apricot** | el albaricoque | al-ba-ree-**ko**-ke |
| **April** | abril | a**breel** |
| **arm** | el brazo | **bra**-tho |

| | | |
|---|---|---|
| **to arrest** | detener | de-te-**nair** |
| **arrivals** (plane, train) | las llegadas | lye-**ga**-das |
| **to arrive** | llegar | lye-**gar** |
| **art** | el arte | **ar**te |
| **art gallery** | galería de arte | ga-le-**ree**a de arte |
| **to ask** (question) | preguntar | pre-goon-**tar** |
| (ask for something) | pedir | pe-**deer** |
| **aspirin** | la aspirina | as-pee-**ree**-na |
| **asthma** | el asma | **as**ma |
| ***I have asthma*** | tengo asma | |
| **at** | a; en | a; en |
| ***at home*** | en casa | |
| ***at 8 o'clock at night*** | a las ocho por la noche | |
| **to attack** | atacar | a-ta-**kar** |
| **August** | agosto | a-**gos**-to |
| **Australia** | Australia | ows-**tra**-lya |
| **Australian** | australiano(a) | ows-tra-**lya**-no(a) |
| **autumn** | el otoño | o-**to**-nyo |
| **available** | disponible | dees-po-**nee**-ble |
| **away:** ***far away*** | lejos | **le**-khos |

# B

| | | |
|---|---|---|
| **baby** | el bebé | be-**be** |
| **baby food** | los politos | po-**tee**-tos |
| **baby milk** | la leche infantil | **le**-che een-fan-**teel** |
| **babyseat** (in car) | el asiento del bebé | a-**syen**-to del be-**be** |
| **baby wipes** | las toallitas infantiles | twa-**lyee**-tas een-fan-**tee**-les |
| **back** (of body) | la espalda | es-**pal**-da |
| **bad** (weather, news) | mal/malo(a) | mal/**ma**-lo(a) |
| (fruit and veg.) | podrido(a) | po-**dree**-do(a) |
| **bag** | la bolsa | **bol**sa |
| **baggage** | el equipaje | e-kee-**pa**-khe |
| **baker's** | la panadería | pa-na-de-**ree**-a |
| **banana** | el plátano | **pla**-ta-no |
| **bank** | el banco | **ban**ko |
| **bank account** | la cuenta bancaria | **kwen**ta ban-**ka**-rya |

| | | |
|---|---|---|
| **banknote** | el billete | bee-**lye**-te |
| **bar** | el bar | bar |
| **bath** | el baño | **ba**-nyo |
| **bathroom** | el cuarto de baño | **kwar**to de **ba**-nyo |
| **battery** (radio) | la pila | **pee**la |
| (in car) | la batería | ba-te-**ree**-a |
| **B&B** (guesthouse) | la pensión | pen**syon** |
| **to be** | estar; ser | es**tar**; sair |
| **beach** | la playa | **pla**-ya |
| **beautiful** | hermoso(a) | air-**mo**-so(a) |
| **because** | porque | **por**ke |
| **bed** | la cama | **ka**-ma |
| **bed and breakfast** | alojamiento y desayuno | a-lo-kha-**myen**-to ee de-sa-**yoo**-no |
| **bedroom** | el dormitorio | dor-mee-**to**-ryo |
| **beer** | la cerveza | thair-**be**-tha |
| **before** | antes de | **an**tes de |
| **to begin** | empezar | em-pe-**thar** |
| **behind** | detrás de | de-**tras** de |
| **below** | debajo; por debajo | de-**ba**-kho; por de-**ba**-kho |
| **beside** (next to) | al lado de | al **la**-do de |
| ***beside the bank*** | al lado del banco | |
| **best** | el/la mejor | me-**khor** |
| **better** | mejor | me-**khor** |
| ***better than*** | mejor que | |
| **between** | entre | **en**tre |
| **bicycle** | la bicicleta | bee-thee-**kle**-ta |
| ***by bicycle*** | en bicicleta | |
| **big** | grande | **gran**de |
| ***bigger than*** | mayor que | |
| **bill** | la factura | fak-**too**-ra |
| (in restaurant) | la cuenta | **kwen**ta |
| **birthday** | el cumpleaños | koom-ple-**a**-nyos |
| **biscuits** | las galletas | ga-**lye**-tas |
| **bit:** ***a bit of*** | un poco de | oon **po**-ko de |
| **bite** (insect) | la picadura | pee-ka-**doo**-ra |
| (animal) | la mordedura | mor-de-**doo**-ra |
| **black** | negro(a) | **ne**-gro(a) |

| | | |
|---|---|---|
| **to bleed** | sangrar | san**grar** |
| **blind** (person) | ciego(a) | **thye**-go(a) |
| **blond** (person) | rubio(a) | **roo**byo(a) |
| **blood** | la sangre | **san**gre |
| **blood group** | el grupo sanguíneo | **groo**po san-**gee**-ne-o |
| **blood pressure** | la presión sanguínea | pre-**syon** san-**gee**-ne-a |
| **blood test** | el análisis de sangre | a-**na**-lee-sees de **san**gre |
| **blouse** | la blusa | **bloo**sa |
| **blue** | azul | a-**thool** |
| **to board** (train, etc.) | subir | soo**beer** |
| **boarding card/ pass** | la tarjeta de embarque | tar-**khe**-ta de em-**bar**-ke |
| **body** | el cuerpo | **kwair**po |
| **to boil** | hervir | air**beer** |
| **book** | el libro | **lee**bro |
| **to book** | reservar | re-sair-**bar** |
| **booking** | la reserva | re-**sair**-ba |
| **booking office** (train) | la ventanilla de billetes | ben-ta-**nee**-lya de bee-**lye**-tes |
| **bookshop** | la librería | lee-bre-**ree**-a |
| **boots** | las botas | **bo**-tas |
| **both** | ambos(as) | **am**bos(as) |
| **bottle** | la botella | bo-**te**-lya |
| **bottle opener** | el abrebotellas | a-bre-bo-**te**-lyas |
| **box office** | la taquilla | ta-**kee**-lya |
| **boy** | el chico | **chee**ko |
| **boyfriend** | el novio | **no**-byo |
| **brake** | el freno | **fre**-no |
| **to brake** | frenar | fre-**nar** |
| **brand** (make) | la marca | **mar**ka |
| **bread** | el pan | pan |
| **to break** | romper | rom**pair** |
| **breakfast** | el desayuno | desa-**yoo**-no |
| **breast** | el pecho | **pe**-cho |
| **bride** | la novia | **no**-bya |
| **bridegroom** | el novio | **no**-byo |

| | | |
|---|---|---|
| **briefcase** | la cartera | kar-**tair**-a |
| **to bring** | traer | tra-**air** |
| **Britain** | Gran Bretaña | gran bre-**ta**-nya |
| **British** | británico(a) | bree-**tan**-ee-ko(a) |
| **brochure** | el folleto | fo-**lye**-to |
| **broken** | roto(a) | **ro**-to(a) |
| **broken down** (car, etc.) | averiado(a) | a-be-**rya**-do(a) |
| **bronchitis** | la bronquitis | bron-**kee**-tees |
| **brother** | el hermano | air-**ma**-no |
| **brown** | marrón | ma-**rron** |
| **buffet car** | el coche comedor | **ko**-che ko-me-**dor** |
| **to build** | construir | kons-troo-**eer** |
| **bulb** (electric) | la bombilla | bom-**bee**-lya |
| **bureau de change** | la oficina de cambio | o-fee-**thee**-na de **kam**-byo |
| **burger** | la hamburguesa | am-boor-**ge**-sa |
| **bus** | el autobús | ow-to-**boos** |
| **bus pass** | el bonobús | bo-no-**boos** |
| **bus station** | la estación de autobuses | es-ta-**thyon** de ow-to-**boo**-ses |
| **bus stop** | la parada de autobús | pa-**ra**-da de ow-to-**boos** |
| **bus ticket** | el billete de autobús | bee-**lye**-te de ow-to-**boos** |
| **business** | el negocio | ne-**go**-thyo |
| ***on business*** | de negocios | |
| **businessman/ woman** | el hombre/la mujer de negocios | **om**bre/moo**khair** de ne-**go**-thyos |
| **business trip** | el viaje de negocios | **bya**-khe de ne-**go**-thyos |
| **busy** | ocupado(a) | o-koo-**pa**-do(a) |
| **but** | pero | **pe**-ro |
| **butcher's** | la carnicería | kar-nee-the-**ree**-a |
| **butter** | la mantequilla | man-te-**kee**-lya |
| **to buy** | comprar | kom**prar** |
| **by** (via) | por | por |
| (beside) | al lado de | al **la**-do de |
| ***by air*** | en avión | |

| | | |
|---|---|---|
| ***by bus*** | en autobús | |
| ***by car*** | en coche | |
| ***by train*** | en tren | |
| ***by ship*** | en barco | |

# C

| | | |
|---|---|---|
| **café** | el café | ka-**fe** |
| **cake** | el pastel | pas**tel** |
| **call** (telephone) | la llamada | lya-**ma**-da |
| **to call** (phone) | llamar<br>llamar por teléfono | lya-**mar**<br>lya-**mar** por te-**le**-fo-no |
| **camcorder** | la videocámara | bee-de-o-**ka**-ma-ra |
| **camera** | la cámara | **ka**-ma-ra |
| **to camp** | acampar | a-kam-**par** |
| **campsite** | el camping | **kam**peen |
| **can** (to be able) | poder | po-**dair** |
| **Canada** | (el) Canadá | ka-na-**da** |
| **Canadian** | canadiense | ka-na-**dyen**-se |
| **to cancel** | anular; cancelar | a-noo-**lar**; kan-the-**lar** |
| **cancellation** | la cancelación | kan-the-la-**thyon** |
| **car** | el coche | **ko**-che |
| **car alarm** | la alarma de coche | a-**lar**-ma de **ko**-che |
| **card** (greetings, business) | la tarjeta | tar-**khe**-ta |
| **car hire** | el alquiler de coches | al-kee-**lair** de **ko**-ches |
| **car insurance** | el seguro del coche | se-**goo**-ro del **ko**-che |
| **car keys** | las llaves del coche | **lya**-bes del **ko**-che |
| **car park** | el aparcamiento | a-par-ka-**myen**-to |
| **to carry** | llevar | lye-**bar** |
| **case** (suitcase) | la maleta | ma-**le**-ta |
| **cash** | el dinero en efectivo | dee-**ne**-ro en e-fek-**tee**-bo |
| **to cash** (cheque) | cobrar | ko-**brar** |
| **cash desk** | la caja | **ka**-kha |
| **cash dispenser** | el cajero automático | ka-**khe**-ro ow-to-**ma**-tee-ko |

| | | |
|---|---|---|
| **cashier** | el/la cajero(a) | ka-**khe**-ro(a) |
| **castle** | el castillo | kas-**tee**-lyo |
| **cat** | el gato | **ga**-to |
| **to catch** (bus, etc.) | coger | ko-**khair** |
| **cathedral** | la catedral | ka-te-**dral** |
| **Catholic** | católico(a) | ka-**to**-lee-ko(a) |
| **cent** | el céntimo | **then**-tee-mo |
| **central** | central | then**tral** |
| **central heating** | la calefacción central | ka-le-fak-**thyon** then**tral** |
| **centre** | el centro | **then**tro |
| **cereal** | los cereales | the-re-**a**-les |
| **chair** | la silla | **see**lya |
| **chalet** | el chalet | cha-**let** |
| **change** | el cambio | **kam**byo |
| (small coins) | el suelto | **swel**to |
| (money returned) | la vuelta | **bwel**ta |
| **to change** | cambiar | kam-**byar** |
| (clothes) | cambiarse | kam-**byar**-se |
| (train) | hacer transbordo | a-**thair** trans-**bor**-do |
| ***to change money*** | cambiar dinero | |
| **charge** (fee) | el precio | **pre**-thyo |
| (electrical) | la carga | **kar**ga |
| **to charge** (money) | cobrar | ko-**brar** |
| (battery) | cargar | kar**gar** |
| **cheap** | barato(a) | ba-**ra**-to(a) |
| **to check** | revisar; comprobar | re-bee-**sar**; kom-pro-**bar** |
| **to check in** (at airport) | facturar el equipaje | fak-too-**rar** el e-kee-**pa**-khe |
| (at hotel) | registrarse | re-khees-**trar**-se |
| **check-in** | la facturación | fak-too-ra-**thyon** |
| **cheers!** | ¡salud! | isa-**lood**! |
| **cheese** | el queso | **ke**-so |
| **chef** | el chef | chef |
| **chemist's** | la farmacia | far-**ma**-thya |
| **cheque** | el cheque | **che**-ke |
| **cheque book** | el talonario | ta-lo-**na**-ryo |
| **cherry** | la cereza | the-**re**-tha |

| | | |
|---|---|---|
| **chicken** | el pollo | **po**-lyo |
| **child** (boy/girl) | el niño/la niña | **nee**nyo/**nee**nya |
| **children** (infants) | los niños | **nee**nyos |
| **chips** | las patatas fritas | pa-**ta**-tas **free**tas |
| **chocolate** | el chocolate | cho-ko-**la**-te |
| **chocolates** | los bombones | bom-**bo**-nes |
| **Christmas** | la Navidad | na-bee-**dad** |
| **Christmas Eve** | la Nochebuena | no-che-**bwe**-na |
| **church** | la iglesia | ee-**gle**-sya |
| **cigarette** | el cigarrillo | thee-ga-**rree**-lyo |
| **cigarette lighter** | el mechero | me-**che**-ro |
| **cinema** | el cine | **thee**ne |
| **city** | la ciudad | thyoo**dad** |
| **city centre** | el centro de la ciudad | **then**tro de la thyoo**dad** |
| **class:** ***first class*** | primera clase | pree-**mair**-a **kla**-se |
| ***second class*** | segunda clase | se-**goon**-da **kla**-se |
| **clean** | limpio(a) | **leem**pyo(a) |
| **to clean** | limpiar | leem**pyar** |
| **clear** | claro(a) | **kla**-ro(a) |
| **client** | el/la cliente(a) | klee-**en**-te(a) |
| **clock** | el reloj | re-**lokh** |
| **to close** | cerrar | the-**rrar** |
| **closed** (shop, etc.) | cerrado(a) | the-**rra**-do(a) |
| **clothes** | la ropa | **ro**-pa |
| **clothes shop** | la tienda de ropa | **tyen**da de **ro**-pa |
| **cloudy** | nublado(a) | noo-**bla**-do(a) |
| **coach** (bus) | el autocar | ow-to-**kar** |
| **coast** | la costa | **kos**ta |
| **coat** | el abrigo | a-**bree**-go |
| **coffee** | el café | ka-**fe** |
| **coin** | la moneda | mo-**ne**-da |
| **cold** | frío(a) | **free**-o(a) |
| ***I'm cold*** | tengo frío | |
| ***it's cold*** | hace frío | |
| **cold** (illness) | el resfriado | res-free-**a**-do |
| ***I have a cold*** | estoy resfriado(a) | |
| **to come** | venir | be-**neer** |
| (to arrive) | llegar | lye-**gar** |

| | | |
|---|---|---|
| **to come back** | volver | bol**bair** |
| **to come in** | entrar | en**trar** |
| ***come in!*** | ¡pase! | |
| **comfortable** | cómodo(a) | **ko**-mo-do(a) |
| **company** (firm) | la empresa | em-**pre**-sa |
| **to complain** | reclamar | re-kla-**mar** |
| **complaint** | la reclamación; la queja | re-kla-ma-**thyon**; **ke**-kha |
| **computer** | el ordenador | or-de-na-**dor** |
| **concert** | el concierto | kon-**thyair**-to |
| **concert hall** | la sala de conciertos | **sa**-la de kon-**thyair**-tos |
| **conditioner** | el suavizante | swa-bee-**than**-te |
| **condom** | el condón | kon**don** |
| **conductor** (on bus) | el/la cobrador(a) | ko-bra-**dor**(a) |
| (on train) | el/la revisor(a) | re-bee-**sor**(a) |
| **conference** | el congreso | kon-**gre**-so |
| **to confirm** | confirmar | kon-feer-**mar** |
| **confirmation** (flight, booking) | la confirmación | kon-feer-ma-**thyon** |
| **connection** | el enlace | en-**la**-the |
| **consulate** | el consulado | kon-soo-**la**-do |
| **to contact** | ponerse en contacto con | po-**nair**-se en kon-**tak**-to kon |
| **contact lens** | la lentilla | len-**tee**-lya |
| **to continue** | continuar | kon-tee-**nwar** |
| **contraceptive** | el anticonceptivo | an-tee-kon-thep-**tee**-bo |
| **contract** | el contrato | kon-**tra**-to |
| **to cook** | cocinar | ko-thee-**nar** |
| **cooked** | preparado(a) | pre-pa-**ra**-do(a) |
| **cooker** | la cocina | ko-**thee**-na |
| **corner** | la esquina | es-**kee**-na |
| **corridor** | el pasillo | pa-**see**-lyo |
| **cosmetics** | los cosméticos | kos-**me**-tee-kos |
| **cost** (price) | el precio | **pre**-thyo |
| **to cost** | costar | kos**tar** |
| ***how much does it cost?*** | ¿cuánto cuesta? | |

| | | |
|---|---|---|
| **costume** (swimming) | el bañador | ba-nya-**dor** |
| **cough** | la tos | tos |
| **to cough** | toser | to-**sair** |
| **country** (nation) | el país | pa-**ees** |
| **couple** (2 people) | la pareja | pa-**re**-kha |
| **course** (of study) | el curso | **koor**so |
| (of meal) | el plato | **pla**-to |
| **cover charge** (in restaurant) | el cubierto | koo-**byair**-to |
| **crafts** | la artesanía | ar-te-sa-**nee**-a |
| **crash** (car) | el accidente | ak-thee-**den**-te |
| **cream** (lotion) | la crema | **kre**-ma |
| (on milk) | la nata | **na**-ta |
| **credit card** | la tarjeta de crédito | tar-**khe**-ta de **kre**-dee-to |
| **crisps** | las patatas fritas | pa-**ta**-tas **free**tas |
| **to cross** (road) | cruzar | kroo**thar** |
| **crossroads** | el cruce | **kroo**the |
| **to cry** (weep) | llorar | lyo-**rar** |
| **cup** | la taza | **ta**-tha |
| **customer** | el/la cliente(a) | klee-**en**-te(a) |
| **customs** (control) | la aduana | a-doo-**a**-na |
| **to cut** | cortar | kor**tar** |
| **to cycle** | ir en bicicleta | eer en bee-thee-**kle**-ta |
| **cystitis** | la cistitis | thees-**tee**-tees |

# D

| | | |
|---|---|---|
| **daily** (each day) | cada día; diario | **ka**-da **dee**-a; dee-**a**-ryo |
| **dairy produce** | los productos lácteos | pro-**dook**-tos **lak**-te-os |
| **damage** | el/los daño(s) | **da**-nyo(s) |
| **danger** | el peligro | pe-**lee**-gro |
| **dangerous** | peligroso(a) | pe-lee-**gro**-so(a) |
| **dark** | oscuro(a) | os-**koo**-ro(a) |
| **date** | la fecha | **fe**-cha |

| | | |
|---|---|---|
| **date of birth** | la fecha de nacimiento | **fe**-cha de na-thee-**myen**-to |
| **daughter** | la hija | **ee**kha |
| **day** | el día | **dee**-a |
| ***every day*** | todos los días | |
| **deaf** | sordo(a) | **sor**do(a) |
| **debt** | la deuda | **deoo**-da |
| **debit card** | la tarjeta de débito | tar-**khe**-ta de **de**-bee-to |
| **December** | diciembre | dee-**thyem**-bre |
| **to declare** | declarar | de-kla-**rar** |
| ***nothing to declare*** | nada que declarar | |
| **deep** | profundo(a) | pro-**foon**-do(a) |
| **delay** | el retraso | re-**tra**-so |
| **delayed** | retrasado(a) | re-tra-**sa**-do(a) |
| **dentist** | el/la dentista | den-**tees**-ta |
| **deodorant** | el desodorante | de-so-do-**ran**-te |
| **department** (gen.) | el departamento | de-par-ta-**men**-to |
| (in shop) | la sección | sek**thyon** |
| **department store** | los grandes almacenes | **gran**des al-ma-**the**-nes |
| **departure lounge** | la sala de embarque | **sa**-la de em-**bar**-ke |
| **dessert** | el postre | **pos**tre |
| **details** | los detalles | de-**ta**-lyes |
| (personal) | los datos personales | **da**-tos pair-so-**na**-les |
| **to develop** (photos) | revelar | re-be-**lar** |
| **diabetic** | diabético(a) | dya-**be**-tee-ko(a) |
| ***I'm diabetic*** | soy diabético(a) | |
| **to dial** | marcar | mar**kar** |
| **dialling code** | el prefijo | pre-**fee**-kho |
| **dialling tone** | el tono de marcado | **to**-no de mar-**ka**-do |
| **diesel** | el diesel; el gasóleo; el gasoil | **dye**-sel; ga-**so**-le-o; ga-**soyl** |
| **diet** | la dieta | **dye**-ta |
| ***I'm on a diet*** | estoy a dieta | |
| **different** | distinto(a) | dees-**teen**-to(a) |
| **difficult** | difícil | dee-**fee**-theel |

| | | |
|---|---|---|
| **digital camera** | la cámara digital | **ka**-ma-ra dee-khee-**tal** |
| **dining room** | el comedor | ko-me-**dor** |
| **dinner** (evening meal) | la cena | **the**-na |
| ***to have dinner*** | cenar | |
| **direct** (train, etc.) | directo(a) | dee-**rek**-to(a) |
| **directions** (instructions) | las instrucciones | een-strook-**thyo**-nes |
| ***to ask for directions*** | preguntar el camino | |
| **directory** (phone) | la guía telefónica | **gee**-a te-le-**fo**-nee-ka |
| **dirty** | sucio(a) | **soo**thyo(a) |
| **disabled** | discapacitado(a) | dees-ka-pa-thee-**ta**-do(a) |
| **disco** | la discoteca | dees-ko-**te**-ka |
| **discount** | el descuento | des-**kwen**-to |
| **to discover** | descubrir | des-koo-**breer** |
| **disease** | la enfermedad | en-fair-me-**dad** |
| **distance** | la distancia | dees-**tan**-thya |
| **district** | el barrio | **ba**-rryo |
| **diversion** | el desvío | des-**bee**-o |
| **divorced** | divorciado(a) | dee-bor-**thya**-do(a) |
| **dizzy** | mareado(a) | ma-re-**a**-do(a) |
| **to do** | hacer | a-**thair** |
| **doctor** | el/la médico(a) | **me**-dee-ko(a) |
| **documents** | los documentos | do-koo-**men**-tos |
| **dog** | el perro | **pe**-rro |
| **dollar** | el dólar | **do**-lar |
| **door** | la puerta | **pwair**ta |
| **double** | doble | **do**-ble |
| **double room** | la habitación doble | a-bee-ta-**thyon** **do**-ble |
| **down:** ***to go down*** | bajar | ba-**khar** |
| **downstairs** | abajo | a-**ba**-kho |
| **draught lager** | la cerveza de barril | thair-**be**-tha de ba-**rreel** |
| **dress** | el vestido | bes-**tee**-do |

| | | |
|---|---|---|
| **drink** | la bebida | be-**bee**-da |
| **to drink** | beber | be-**bair** |
| **drinking water** | el agua potable | **a**-gwa po-**ta**-ble |
| **to drive** | conducir | kon-doo-**theer** |
| **driver** | el/la conductor(a) | kon-dook-**tor**(a) |
| **driving licence** | el carné de conducir | kar-**ne** de kon-doo-**theer** |
| **to drown** | ahogarse | a-o-**gar**-se |
| **drug** | la droga | **dro**-ga |
| (medicine) | la medicina | me-dee-**thee**-na |
| **dry** | seco(a) | **se**-ko(a) |
| **to dry** | secar | se-**kar** |
| **during** | durante | doo-**ran**-te |
| **duty-free** | libre de impuestos | **lee**bre de eem-**pwes**-tos |
| **DVD player** | el reproductor de DVD | re-pro-dook-**tor** de de-**oo**be-**de** |

# E

| | | |
|---|---|---|
| **ear** (outside) | la oreja | o-**re**-kha |
| (inside) | el oído | o-**ee**-do |
| **earache** | el dolor de oído(s) | do-**lor** de o-**ee**-do(s) |
| **earlier** | antes | **an**tes |
| **early** | temprano | tem-**pra**-no |
| **to earn** | ganar | ga-**nar** |
| **east** | el este | **es**te |
| **Easter** | la Pascua; la Semana Santa | **pas**-kwa; se-**ma**-na **san**ta |
| **easy** | fácil | **fa**-theel |
| **to eat** | comer | ko-**mair** |
| **egg** | el huevo | **we**-bo |
| **elastoplast®** | la tirita | tee-**ree**-ta |
| **electric** | eléctrico(a) | e-**lek**-tree-ko(a) |
| **electrician** | el/la electricista | e-lek-tree-**thees**-ta |
| **electricity** | la electricidad | e-lek-tree-thee-**dad** |
| **electronic** | electrónico(a) | e-lek-**tro**-nee-ko(a) |
| **e-mail** | el email | ee**meyl** |
| **e-mail address** | el email | ee**meyl** |
| **embassy** | la embajada | em-ba-**kha**-da |

| | | |
|---|---|---|
| **emergency** | la emergencia | e-mair-**khen**-thya |
| **emergency exit** | la salida de emergencia | sa-**lee**-da de e-mair-**khen**-thya |
| **empty** | vacío(a) | ba-**thee**-o(a) |
| **end** | el fin | feen |
| **engaged** (to marry) | prometido(a) | pro-me-**tee**-do(a) |
| (toilet, phone) | ocupado(a) | o-koo-**pa**-do(a) |
| **England** | Inglaterra | een-gla-**te**-rra |
| **English** | inglés/inglesa | een**gles**/een-**gle**-sa |
| (language) | el inglés | een**gles** |
| **to enjoy** (to like) | gustar | goos**tar** |
| ***enjoy your meal!*** | ¡que aproveche! | |
| **enough** | bastante | bas-**tan**-te |
| **enquiry desk** | la información | een-for-ma-**thyon** |
| **to enter** | entrar en | en**trar** en |
| **entrance** | la entrada | en-**tra**-da |
| **entrance fee** | el precio de entrada | **pre**-thyo de en-**tra**-da |
| **to escape** | escapar | es-ka-**par** |
| **euro** | el euro | **eoo**-ro |
| **Europe** | Europa | eoo-**ro**-pa |
| **European** | el/la europeo(a) | eoo-ro-**pe**-o(a) |
| **European Union** | la Unión Europea | oo**nyon** eoo-ro-**pe**-a |
| **evening** | la tarde | **tar**de |
| **every** | cada | **ka**-da |
| **everyone** | todo el mundo; todos | **to**-do el **moon**do; **to**-dos |
| **everything** | todo | **to**-do |
| **everywhere** | en todas partes | en **to**-das **par**tes |
| **example:** ***for example*** | por ejemplo | por e-**khem**-plo |
| **excellent** | excelente | eks-the-**len**-te |
| **to exchange** | cambiar | kam**byar** |
| **exchange rate** | el tipo de cambio | **tee**po de **kam**byo |
| **excuse:** ***excuse me!*** | ¡perdón! | ¡pair**don**! |
| **exercise** | el ejercicio | e-khair-**thee**-thyo |
| **exit** | la salida | sa-**lee**-da |
| **expensive** | caro(a) | **ka**-ro(a) |

| | | |
|---|---|---|
| **to expire** (ticket, etc.) | caducar | ka-doo-**kar** |
| **to explain** | explicar | eks-plee-**kar** |
| **to export** | exportar | eks-por-**tar** |
| **extra** (in addition) | de más | de **mas** |
| (more) | extra | **eks**tra |
| **eye** | el ojo | **o**-kho |

# F

| | | |
|---|---|---|
| **face** | la cara | **ka**-ra |
| **facilities** | las instalaciones | eens-ta-la-**thyo**-nes |
| **to faint** | desmayarse | des-ma-**yar**-se |
| **fair** (hair) | rubio(a) | **roo**byo(a) |
| (just) | justo(a) | **khoo**sto(a) |
| **fake** | falso(a) | **fal**so(a) |
| **to fall** | caer; caerse | ka-**air**; ka-**air**-se |
| **family** | la familia | fa-**mee**-lya |
| **famous** | famoso(a) | fa-**mo**-so(a) |
| **fan** (electric) | el ventilador | ben-tee-la-**dor** |
| (hand-held) | el abanico | a-ba-**nee**-ko |
| **far** | lejos | **le**-khos |
| **fast** | rápido(a) | **ra**-pee-do(a) |
| **to fasten** | abrocharse | a-bro-**char**-se |
| **fat** (plump) | gordo(a) | **gor**do(a) |
| (in food, on person) | la grasa | **gra**-sa |
| **father** | el padre | **pa**-dre |
| **fault** (defect) | el defecto | de-**fek**-to |
| **favour** | el favor | fa-**bor** |
| **fax** | el fax | faks |
| ***by fax*** | por fax | |
| **February** | febrero | fe-**bre**-ro |
| **to feed** | dar de comer | dar de ko-**mair** |
| **to feel** | sentir | sen**teer** |
| ***I don't feel well*** | no me siento bien | |
| **female** | mujer | moo**khair** |
| **fever** | la fiebre | **fye**-bre |
| **few** | pocos(as) | **po**-kos(as) |
| ***a few*** | algunos(as) | |

| | | |
|---|---|---|
| **to fill** | llenar | lye-**nar** |
| ***to fill in*** (form) | rellenar | re-lye-**nar** |
| **fillet** | el filete | fee-**le**-te |
| **film** (at cinema) | la película | pe-**lee**-koo-la |
| (for camera) | el carrete | ka-**rre**-te |
| **to find** | encontrar | en-kon-**trar** |
| **fine** (to be paid) | la multa | **mool**ta |
| **finger** | el dedo | **de**-do |
| **to finish** | acabar | a-ka-**bar** |
| **finished** | terminado(a) | tair-mee-**na**-do(a) |
| **fire** (flames) | el fuego | **fwe**-go |
| (blaze) | el incendio | een-**then**-dyo |
| ***fire!*** | ¡fuego! | |
| **fire alarm** | la alarma de incendios | a-**lar**-ma de een-**then**-dyos |
| **fire exit** | la salida de incendios | sa-**lee**-da de een-**then**-dyos |
| **firm** (company) | la empresa | em-**pre**-sa |
| **first** | primero(a) | pree-**me**-ro(a) |
| **first aid** | los primeros auxilios | pree-**me**-ros ow-**sec**-lyos |
| **first class** | de primera clase | de pree-**mair**-a **kla**-se |
| **first name** | el nombre de pila | **nom**-bre de **pee**-la |
| **fish** (food) | el pescado | pes-**ka**-do |
| (alive) | el pez | peth |
| **to fish** | pescar | pes-**kar** |
| **fit** (seizure) | el ataque | a-**ta**-ke |
| **to fit** (clothes) | quedar bien | ke-**dar** byen |
| **to fix** | arreglar | a-rre-**glar** |
| ***can you fix it?*** | ¿puede arreglarlo? | |
| **fizzy** | con gas | kon gas |
| **flat** (apartment) | el piso | **pee**so |
| **flat** (land) | llano(a) | **lya**-no(a) |
| (battery) | descargado(a) | des-kar-**ga**-do(a) |
| **flavour** | el sabor | sa-**bor** |
| **flight** | el vuelo | **bwe**-lo |
| **floor** (of building) | el piso | **pee**so |
| (of room) | el suelo | **swe**-lo |

| | | |
|---|---|---|
| **flower** | la flor | flor |
| **flu** | la gripe | **gree**pe |
| **to fly** | volar | bo-**lar** |
| **fog** | la niebla | **nye**-bla |
| **to fold** | doblar | do-**blar** |
| **to follow** | seguir | se-**geer** |
| **food** | la comida | ko-**mee**-da |
| **food poisoning** | la intoxicación por alimentos | een-tok-see-ka-**thyon** por a-lee-**men**-tos |
| **foot** | el pie | pye |
| ***on foot*** | a pie | |
| **for** | para; por | pa-ra; por |
| **forbidden** | prohibido(a) | pro-ee-**bee**-do(a) |
| **foreigner** | el/la extranjero(a) | eks-tran-**khe**-ro(a) |
| **forever** | para siempre | pa-ra **syem**-pre |
| **to forget** | olvidar | ol-bee-**dar** |
| **fork** (for eating) | el tenedor | te-ne-**dor** |
| **form** (document) | el impreso | eem-**pre**-so |
| **fortnight** | quince días | **keen**the **dee**-as |
| **forward** | adelante | a-de-**lan**-te |
| **fountain** | la fuente | **fwen**te |
| **fracture** | la fractura | frak-**tu**-ra |
| **free** (not occupied) | libre | **lee**bre |
| (costing nothing) | gratis | **gra**-tees |
| **fresh** | fresco(a) | **fres**ko(a) |
| **Friday** | el viernes | **byair**nes |
| **fried** | frito(a) | **free**to(a) |
| **friend** | el/la amigo(a) | a-**mee**-go(a) |
| **from** | de; desde | de; **des**de |
| ***from Scotland*** | de Escocia | |
| ***from England*** | de Inglaterra | |
| **front** | la parte delantera | **par**te de-lan-**te**-ra |
| ***in front of*** | delante de | |
| **fruit** | la fruta | **froo**ta |
| **to fry** | freir | fre-**eer** |
| **fuel** (petrol) | la gasolina | ga-so-**lee**-na |
| **full** | lleno(a) | **lye**-no(a) |
| (occupied) | ocupado(a) | o-koo-**pa**-do(a) |

| | | |
|---|---|---|
| **full board** | pensión completa | pen**syon** kom-**ple**-ta |
| **furnished** | amueblado(a) | a-mwe-**bla**-do(a) |

# G

| | | |
|---|---|---|
| **game** | el juego | **khwe**-go |
| (animal) | la caza | **ka**-tha |
| **garage** | el garaje | ga-**ra**-khe |
| (for repairs) | el taller | ta-**lyair** |
| (for petrol) | la gasolinera | ga-so-lee-**ne**-ra |
| **garden** | el jardín | khar**deen** |
| **gate** (airport) | la puerta | **pwair**ta |
| **gay** (person) | gay | gey |
| **gents** (toilet) | los servicios de caballeros | sair-**bee**-thyos de ka-ba-**lye**-ros |
| **to get** (to obtain) | conseguir | kon-se-**geer** |
| (to receive) | recibir | re-thee-**beer** |
| (to bring) | traer | tra-**air** |
| **to get in/on** | subir (al) | soo**beer** (al) |
| **to get out/off** | bajarse de | ba-**khar**-se de |
| **gift** | el regalo | re-**ga**-lo |
| **gift shop** | la tienda de regalos | **tyen**da de re-**ga**-los |
| **girl** | la chica | **chee**ka |
| **girlfriend** | la novia | **no**-bya |
| **to give** | dar | dar |
| **to give back** | devolver | de-bol-**bair** |
| **glass** (for drinking) | el vaso | **ba**-so |
| (substance) | el cristal | krees**tal** |
| **glasses** (spectacles) | las gafas | **ga**-fas |
| **to go** | ir | eer |
| **to go back** | volver | bol**bair** |
| **to go in** | entrar (en) | en**trar** (en) |
| **to go out** | salir | sa-**leer** |
| **good** | bueno(a) | **bwe**-no(a) |
| **good afternoon** | buenas tardes | **bwe**-nas **tar**des |
| **grandchild** | el/la nieto(a) | **nye**-to(a) |
| **grandparents** | los abuelos | a-**bwe**-los |
| **grapes** | las uvas | **oo**bas |
| **great** (big) | grande | **gran**de |
| (wonderful) | estupendo(a) | es-too-**pen**-do(a) |

| | | |
|---|---|---|
| **Great Britain** | Gran Bretaña | gran bre-**tan**-ya |
| **grey** | gris | grees |
| **group** | el grupo | **groo**po |
| **guest** | el/la invitado(a) | een-bee-**ta**-do(a) |
| (in hotel) | el/la huésped | **wes**ped |
| **guesthouse** | la pensión | pen**syon** |
| **guide** (tour guide) | el/la guía | **gee**-a |
| **to guide** | guiar | gee-**ar** |
| **guidebook** | la guía turística | **gee**-a too-**rees**-tee-ka |
| **guided tour** | la visita con guía | bee-**see**-ta kon **gee**-a |

# H

| | | |
|---|---|---|
| **hair** | el pelo | **pe**-lo |
| **hairdresser** | el/la peluquero(a) | pe-loo-**ke**-ro(a) |
| **half** | medio(a) | **me**-dyo(a) |
| ***half an hour*** | media hora | |
| **half board** | media pensión | **me**-dya pen**syon** |
| **half-price** | a mitad de precio | a mee-**tad** de **pre**-thyo |
| **ham** | el jamón | kha-**mon** |
| **hand** | la mano | **ma**-no |
| **handbag** | el bolso | **bol**so |
| **hand luggage** | el equipaje de mano | e-kee-**pa**-khe de **ma**-no |
| **hand-made** | hecho(a) a mano | **e**-cho(a) a **ma**-no |
| **hard** | duro(a) | **doo**ro(a) |
| (difficult) | difícil | dee-**fee**-theel |
| **to have** | tener | te-**nair** |
| **to have to** | tener que | te-**nair** ke |
| **he** | él | el |
| **head** | la cabeza | ka-**be**-tha |
| **health** | la salud | sa-**lood** |
| **healthy** | sano(a) | **sa**-no(a) |
| **to hear** | oír | o-**eer** |
| **heart** | el corazón | ko-ra-**thon** |
| **heating** | la calefacción | ka-le-fak-**thyon** |
| **heavy** | pesado(a) | pe-**sa**-do(a) |

| | | |
|---|---|---|
| **height** | la altura | al-**too**-ra |
| **hello** | hola | **o**-la |
| (on phone) | diga(me) | **dee**ga(me) |
| **to help** | ayudar | a-yoo-**dar** |
| **here** | aquí | a-**kee** |
| **hi!** | ¡hola! | ¡**o**-la! |
| **high** | alto(a) | **al**to(a) |
| **him** | él | el |
| **hire** (bike, boat, etc.) | el alquiler | al-kee-**lair** |
| **to hire** | alquilar | al-kee-**lar** |
| **hired car** | el coche de alquiler | **ko**-che de al-kee-**lair** |
| **historic** | histórico(a) | ees-**to**-ree-ko(a) |
| **to hold** | tener | te-**nair** |
| (to contain) | contener | kon-te-**nair** |
| **hold-up** (traffic jam) | el atasco | a-**tas**-ko |
| **holiday** | las vacaciones | ba-ka-**thyo**-nes |
| (public) | la fiesta | **fyes**ta |
| ***on holiday*** | de vacaciones | |
| **home** | la casa | **ka**-sa |
| ***at home*** | en casa | |
| **homosexual** | homosexual | o-mo-sek-**swal** |
| **hospital** | el hospital | os-pee-**tal** |
| **hostel** | el albergue | al-**ber**-ge |
| **hot** | caliente | ka-**lyen**-te |
| **hour** | la hora | **o**-ra |
| ***half an hour*** | media hora | |
| **house** | la casa | **ka**-sa |
| **house wine** | el vino de la casa | **bee**no de la **ka**-sa |
| **how** (in what way) | cómo | **ko**-mo |
| ***how much?*** | ¿cuánto? | |
| ***how many?*** | ¿cuántos? | |
| **hungry:** ***to be hungry*** | tener hambre | te-**nair am**bre |
| **hurry:** ***I'm in a hurry*** | tengo prisa | **ten**go **pree**sa |
| **to hurt** (injure) | hacer daño | a-**thair da**-nyo |
| **husband** | el marido | ma-**ree**-do |

# I

| | | |
|---|---|---|
| **I** | yo | yo |
| **ice** | el hielo | **ye**-lo |
| (cube) | el cubito | koo-**bee**-to |
| **ice cream** | el helado | e-**la**-do |
| **iced tea** | el té helado | te e-**la**-do |
| **identity card** | el carné de identidad | kar**ne** de ee-den-tee-**dad** |
| **if** | si | see |
| **ill** | enfermo(a) | en-**fair**-mo(a) |
| **illness** | la enfermedad | en-fair-me-**dad** |
| **immediately** | en seguida | en se-**gee**-da |
| **to import** | importar | eem-por-**tar** |
| **important** | importante | eem-por-**tan**-te |
| **impossible** | imposible | eem-po-**see**-ble |
| **to improve** | mejorar | me-kho-**rar** |
| **in** | dentro de; en | **den**tro de; en |
| ***in 10 minutes*** | dentro de diez minutos | |
| ***in London*** | en Londres | |
| **in front of** | delante de | de-**lan**-te de |
| **included** | incluido(a) | een-kloo-**ee**-do(a) |
| **indigestion** | la indigestión | een-dee-khes-**tyon** |
| **indoors** | dentro | **den**tro |
| **infection** | la infección | een-fek-**thyon** |
| **information** | la información | een-for-ma-**thyon** |
| **ingredients** | los ingredientes | een-gre-**dyen**-tes |
| **to injure** | herir | e-**reer** |
| **injured** | herido(a) | e-**ree**-do(a) |
| **inquiries** | información | een-for-ma-**thyon** |
| **insect** | el insecto | een-**sek**-to |
| **inside** | dentro de | **den**tro de |
| **instant coffee** | el café instantáneo | ka-**fe** eens-tan-**ta**-ne-o |
| **instead of** | en lugar de | en loo**gar** de |
| **insurance** | el seguro | se-**goo**-ro |
| **insurance certificate** | la póliza de seguros | **po**-lee-tha de se-**goo**-ros |
| **to insure** | asegurar | a-se-goo-**rar** |

| | | |
|---|---|---|
| **insured** | asegurado(a) | a-se-goo-**ra**-do(a) |
| **interesting** | interesante | een-te-re-**san**-te |
| **international** | internacional | een-tair-na-thyo-**nal** |
| **internet** | el internet | **een**-ter-net |
| **into** | en | en |
| ***into town*** | al centro | |
| **to introduce to** | presentar a | pre-sen-**tar** a |
| **invitation** | la invitación | een-bee-ta-**thyon** |
| **to invite** | invitar | een-bee-**tar** |
| **Ireland** | Irlanda | eer-**lan**-da |
| **Irish** | irlandés/irlandesa | eer-lan-**des**/ eer-lan-**de**-sa |
| **iron** (for clothes) | la plancha | **plan**cha |
| **to iron** | planchar | plan**char** |
| **island** | la isla | **ees**la |
| **it** | lo/la | lo/la |
| **to itch** | picar | pee**kar** |
| ***it itches*** | pica | |

## J

| | | |
|---|---|---|
| **jacket** | la chaqueta | cha-**ke**-ta |
| **jam** (food) | la mermelada | mair-me-**la**-da |
| **January** | enero | e-**ne**-ro |
| **jar** (honey, jam,etc.) | el tarro | **ta**-rro |
| **jeans** | los vaqueros | ba-**ke**-ros |
| **jeweller's** | la joyería | kho-ye-**ree**-a |
| **jewellery** | las joyas | **kho**yas |
| **job** | el empleo | em-**ple**-o |
| **to join** (club, etc.) | hacerse socio de | a-**thair**-se **so**-thyo de |
| **to join in** | participar en | par-tee-thee-**par** en |
| **journey** | el viaje | **bya**-khe |
| **juice** | el zumo | **thoo**mo |
| **July** | julio | **khoo**lyo |
| **to jump** | saltar | sal**tar** |
| **June** | junio | **khoo**nyo |
| **just:** ***just two*** | solo dos | **so**-lo dos |

# K

| | | |
|---|---|---|
| **to keep** (to retain) | guardar | gwar**dar** |
| **key** | la llave | **lya**-be |
| ***card key*** (used in hotel) | la llave tarjeta | |
| **to kill** | matar | ma-**tar** |
| **kilo(gram)** | el kilo(gramo) | **kee**lo, kee-lo-**gra**-mo |
| **kilometre** | el kilómetro | kee-**lo**-me-tro |
| **kind** (person) | amable | a-**ma**-ble |
| **kind** (sort) | la clase | **kla**-se |
| ***what kind?*** | ¿qué clase? | |
| **to knock** (door) | llamar | lya-**mar** |
| **to know** (have knowledge of) | saber | sa-**bair** |
| (person, place) | conocer | ko-no-**thair** |

# L

| | | |
|---|---|---|
| **ladies** (toilet) | los servicios de señoras | sair-**bee**-thyos de se-**nyo**-ras |
| **lady** | la señora | se-**nyo**-ra |
| **lager** | la cerveza (rubia) | thair-**be**-tha (**roo**bya) |
| **lamp** | la lámpara | **lam**-pa-ra |
| **to land** | aterrizar | a-te-rree-**thar** |
| **language** | el idioma; la lengua | ee-**dyo**-ma; **len**gwa |
| **laptop** | el portátil | por-**ta**-teel |
| **large** | grande | **gran**de |
| **last** | último(a) | **ool**-tee-mo(a) |
| **late** | tarde | **tar**de |
| **later** | más tarde | mas **tar**de |
| **to laugh** | reírse | re-**eer**-se |
| **lavatory** (in house) | el wáter | **ba**-tair |
| (in public place) | los servicios | sair-**bee**-thyos |
| **laxative** | el laxante | lak-**san**-te |
| **to learn** | aprender | a-pren-**dair** |
| **leather** | el cuero | **kwe**-ro |
| **to leave** (a place) | irse de | **eer**se de |
| (leave behind) | dejar | de-**khar** |
| **left: *on/to the left*** | a la izquierda | a la eeth-**kyair**-da |

| | | |
|---|---|---|
| **left-luggage** | la consigna | kon-**seeg**-na |
| **leg** | la pierna | **pyair**na |
| **lemon** | el limón | lee**mon** |
| **lemonade** | la gaseosa | ga-se-**o**-sa |
| **length** | la longitud | lon-khee-**tood** |
| **lens** (photo) | el objetivo | ob-khe-**tee**-bo |
| (contact lens) | la lentilla | len-**tee**-lya |
| **less** | menos | **me**-nos |
| **to let** (to allow) | permitir | pair-mee-**teer** |
| (to hire out) | alquilar | al-kee-**lar** |
| **letter** | la carta | **kar**ta |
| (of alphabet) | la letra | **le**-tra |
| **licence** | el permiso | pair-**mee**-so |
| (driving) | el carné de conducir | kar**ne** de kon-doo-**theer** |
| **to lie down** | acostarse | a-kos-**tar**-se |
| **lift** (elevator) | el ascensor | as-then-**sor** |
| **light** (not heavy) | ligero(a) | lee-**khe**-ro(a) |
| **light** | la luz | looth |
| **like** (similar to) | como | **ko**-mo |
| **line** (row, queue) | la fila | **fee**la |
| (telephone) | la línea | **lee**-ne-a |
| **list** | la lista | **lees**ta |
| **to listen to** | escuchar | es-koo-**char** |
| **litre** | el litro | **lee**tro |
| **little** | pequeño(a) | pe-**ke**-nyo(a) |
| ***a little...*** | un poco de... | |
| **to live** | vivir | bee-**beer** |
| **local** | de la región; del país | de la re-**khyon**; del pa-**ees** |
| **to lock** | cerrar con llave | the-**rrar** kon **lya**-be |
| **long** | largo(a) | **lar**go(a) |
| **to look after** | cuidar | kwee**dar** |
| **to look at** | mirar | mee-**rar** |
| **to look for** | buscar | boos**kar** |
| **to lose** | perder | pair**dair** |
| **lost** | perdido(a) | pair-**dee**-do(a) |

| | | |
|---|---|---|
| **lost property office** | la oficina de objetos perdidos | o-fee-**thee**-na de ob-**khe**-tos pair-**dee**-dos |
| **lot:** ***a lot of*** | mucho | **moo**cho |
| **loud** (sound, voice) | fuerte | **fwair**te |
| (volume) | alto(a) | **al**-to(a) |
| **lounge** | el salón | sa-**lon** |
| **love** | el amor | a-**mor** |
| **to love** (person) | querer | ke-**rair** |
| **lovely** | precioso(a) | pre-**thyo**-so(a) |
| **low** | bajo(a) | **ba**-jo(a) |
| **low-fat** | bajo(a) en calorías | **ba**-kho en ka-lo-**ree**-as |
| **lucky:** ***to be lucky*** | tener suerte | te-**nair swair**te |
| **luggage** | el equipaje | e-kee-**pa**-khe |
| **luggage trolley** | el carrito | ka-**rree**-to |
| **lunch** | la comida | ko-**mee**-da |

# M

| | | |
|---|---|---|
| **magazine** | la revista | re-**bees**-ta |
| **maid** (in hotel) | la camarera | ka-ma-**re**-ra |
| **mail** | el correo | ko-**rre**-o |
| ***by mail*** | por correo | |
| **main** | principal | preen-thee-**pal** |
| **main course** (of meal) | el plato principal | **pla**-to preen-thee-**pal** |
| **to make** | hacer | a-**thair** |
| **make-up** | el maquillaje | ma-kee-**lya**-khe |
| **male** | masculino(a) | mas-koo-**lee**-no |
| **man** | el hombre | **om**bre |
| **manager** | el/la gerente | khe-**ren**-te |
| **many** | muchos(as) | **moo**chos(as) |
| **map** (country) | el mapa | **ma**-pa |
| (of town) | el plano | **pla**-no |
| **March** | marzo | **mar**tho |
| **marmalade** | la mermelada de naranja | mair-me-**la**-da de na-**ran**-kha |
| **married** | casado(a) | ka-**sa**-do(a) |
| **material** (cloth) | la tela | **te**-la |

| | | |
|---|---|---|
| **to matter** | importar | eem-por-**tar** |
| ***it doesn't matter*** | no importa | |
| **May** | mayo | **ma**-yo |
| **meal** | la comida | ko-**mee**-da |
| **to mean** | querer decir | ke-**rair** de-**theer** |
| **to measure** | medir | me-**deer** |
| **meat** | la carne | **kar**ne |
| **medicine** | la medicina | me-dee-**thee**-na |
| **medium rare** | medio(a) | **me**-dyo(a) |
| (meat) | hecho(a) | **e**-cho(a) |
| **to meet** | encontrarse | en-kon-**trar** se |
| (by chance) | con | kon |
| (by arrangement) | ver | bair |
| **men** | los hombres | **om**bres |
| **menu** | la carta | **kar**ta |
| **message** | el mensaje | men-**sa**-khe |
| **metre** | el metro | **me**-tro |
| **metro** (underground) | el metro | **me**-tro |
| **metro station** | la estación de metro | es-ta-**thyon** de **me**-tro |
| **middle** | el medio | **me**-dyo |
| **midnight** | la medianoche | me-dya-**no**-che |
| ***at midnight*** | a medianoche | |
| **milk** | la leche | **le**-che |
| ***fresh milk*** | la leche fresca | |
| ***hot milk*** | la leche caliente | |
| ***semi-skimmed milk*** | la leche semidesnatada | |
| ***skimmed milk*** | la leche desnatada | |
| **mineral water** | el agua mineral | **a**-gwa mee-ne- **ral** |
| **minimum** | el mínimo | **mee**-nee-mo |
| **minute** | el minuto | mee-**noo**-to |
| **to miss** (train, etc.) | perder | pair**dair** |
| **Miss** | la señorita | se-nyo-**ree**-ta |
| **missing** (lost) | perdido(a) | pair-**dee**-do(a) |
| ***my son is missing*** | se ha perdido mi hijo | |
| **mistake** | el error | e-**rror** |
| **mobile** (phone) | el teléfono móvil | te-**le**-fo-no **mo**-beel |

| | | |
|---|---|---|
| **mobile number** | el número de móvil | **noo**-me-ro de **mo**-beel |
| **modern** | moderno(a) | mo-**dair**-no(a) |
| **moment** | el momento | mo-**men**-to |
| **Monday** | el lunes | **loo**nes |
| **money** | el dinero | dee-**ne**-ro |
| **month** | el mes | mes |
| **more** | más | mas |
| **morning** | la mañana | ma-**nya**-na |
| **mother** | la madre | **ma**-dre |
| **mother-in-law** | la suegra | **swe**-gra |
| **motor** | el motor | mo-**tor** |
| **motorbike** | la moto | **mo**-to |
| **motorway** | la autopista | ow-to-**pees**-ta |
| **mouth** | la boca | **bo**-ka |
| **to move** | mover | mo-**bair** |
| **movie** | la película | pe-**lee**-koo-la |
| **Mr** | el señor (Sr.) | se-**nyor** |
| **Mrs** | la señora (Sra.) | se-**nyo**-ra |
| **Ms** | la señora (Sra.) | se-**nyo**-ra |
| **much** | mucho(a) | **moo**cho(a) |
| ***too much*** | demasiado(a) | |
| **mugging** | el atraco | a-**tra**-ko |
| **muscle** | el músculo | **moos**-koo-lo |
| **museum** | el museo | moo-**se**-o |
| **music** | la música | **moo**-see-ka |
| **must** (to have to) | deber | de-**bair** |

# N

| | | |
|---|---|---|
| **name** | el nombre | **nom**bre |
| **napkin** | la servilleta | sair-bee-**lye**-ta |
| **narrow** | estrecho(a) | es-**tre**-cho(a) |
| **national** | nacional | na-thyo-**nal** |
| **nationality** | la nacionalidad | na-thyo-na-lee-**dad** |
| **natural** | natural | na-too-**ral** |
| **nature** | la naturaleza | na-too-ra-**le**-tha |
| **near to** | cerca de | **thair**ka de |
| **necessary** | necesario(a) | ne-the-**sa**-ryo |
| **to need** | necesitar | ne-the-see-**tar** |

| | | |
|---|---|---|
| **never** | nunca | **noon**ka |
| **new** | nuevo(a) | **nwe**-bo(a) |
| **news** (TV, radio, etc.) | las noticias | no-**tee**-thyas |
| **newspaper** | el periódico | pe-**ryo**-dee-ko |
| **New Year** | el Año Nuevo | **a**-nyo **nwe**-bo |
| **New Zealand** | Nueva Zelanda | **nwe**-ba the-**lan**-da |
| **next** | próximo(a) | **prok**-see-mo(a) |
| **nice** (person) | simpático(a) | seem-**pa**-tee-ko(a) |
| (place, holiday) | bonito(a) | bo-**nee**-to(a) |
| **niece** | la sobrina | so-**bree**-na |
| **night** | la noche | **no**-che |
| **no** | no | no |
| **nobody** | nadie | **na**-dye |
| **noise** | el ruido | **rwee**do |
| **none** | ninguno(a) | neen-**goo**-no(a) |
| **non-smoker** | el/la no fumador(a) | no foo-ma-**dor**(a) |
| **north** | el norte | **nor**te |
| **Northern Ireland** | Irlanda del Norte | eer-**lan**-da del **nor**te |
| **nose** | la nariz | na-**reeth** |
| **not** | no | no |
| **nothing** | nada | **na**-da |
| **notice** (sign) | el anuncio | a-**noon**-thyo |
| (warning) | el aviso | a-**bee**-so |
| **November** | noviembre | no-**byem**-bre |
| **now** | ahora | a-**o**-ra |
| **number** | el número | **noo**-me-ro |

# O

| | | |
|---|---|---|
| **to obtain** | obtener | ob-te-**nair** |
| **October** | octubre | ok-**too**-bre |
| **of** | de | de |
| **off** (light, etc.) | apagado(a) | a-pa-**ga**-do(a) |
| (rotten) | pasado(a) | pa-**sa**-do(a) |
| **office** | la oficina | o-fee-**thee**-na |
| **often** | a menudo | a me-**noo**-do |
| ***how often?*** | ¿cada cuánto? | |
| **OK** | ¡vale! | ¡**ba**-le! |
| **old** | viejo(a) | **bye**-kho(a) |

| | | |
|---|---|---|
| **on** (light, TV, machine) | encendido(a) | en-then-**dee**-do(a) |
| **once** | una vez | **oo**na beth |
| ***at once*** | en seguida | |
| **only** | solo | **so**-lo |
| **open** | abierto(a) | a-**byair**to(a) |
| **to open** | abrir | a-**breer** |
| **opposite (to)** | enfrente (de) | en-**fren**-te (de) |
| **or** | o | o |
| **orange** (fruit) | la naranja | na-**ran**-kha |
| (colour) | naranja | na-**ran**-kha |
| **orange juice** | el zumo de naranja | **thoo**mo de na-**ran**-kha |
| **order:** ***out of order*** | averiado(a) | a-be-**rya**-do(a) |
| **to order** (in restaurant) | pedir | pe-**deer** |
| **other:** ***the other one*** | el/la otro(a) | **o**-tro(a) |
| **our** | nuestro(a) | **nwes**tro(a) |
| **out** (light) | apagado(a) | a-pa-**ga**-do(a) |
| **over** (on top of) | (por) encima de | (por) en-**thee**-ma de |
| **to be overbooked** | tener over-booking | te-**nair** o-bair-**boo**-keen |
| **to overcharge** | cobrar de más | ko-**brar** de mas |
| **overdone** | demasiado(a) | de-ma-**sya**-do(a) |
| (food) | hecho(a) | **e**-cho(a) |
| **to owe** | deber | de-**bair** |
| **owner** | el/la propietario(a) | pro-pye-**ta**-ryo(a) |

# P

| | | |
|---|---|---|
| **package tour** | el viaje organizado | **bya**-khe or-ga-nee-**tha**-do |
| **packet** | el paquete | pa-**ke**-te |
| **paid** | pagado(a) | pa-**ga**-do(a) |
| **pain** | el dolor | do-**lor** |
| **painful** | doloroso(a) | do-lo-**ro**-so(a) |
| **painting** (picture) | el cuadro | **kwa**-dro |
| **pair** | el par | par |
| **palace** | el palacio | pa-**la**-thyo |

| | | |
|---|---|---|
| **pale** | pálido(a) | **pa**-lee-do(a) |
| **pants** (men's underwear) | los calzoncillos | kal-thon-**thee**-lyos |
| **paper** | el papel | pa-**pel** |
| **parcel** | el paquete | pa-**ke**-te |
| **pardon?** | ¿cómo? | ¿**ko**-mo? |
| **parents** | los padres | **pa**-dres |
| **park** | el parque | **par**ke |
| **to park** | aparcar | a-par-**kar** |
| **parking meter** | el parquímetro | par-**kee**-me-tro |
| **partner** (business) | el/la socio(a) | **so**-thyo(a) |
| (boy/girlfriend) | el/la pareja | pa-**re**-kha |
| **party** (group) | el grupo | **groo**po |
| (celebration) | la fiesta | **fyes**ta |
| **passenger** | el/la pasajero(a) | pa-sa-**khe**-ro(a) |
| **passport** | el pasaporte | pa-sa-**por**-te |
| **pastry** (dough) | la masa | **ma**-sa |
| (cake) | el pastel | pas**tel** |
| **to pay** | pagar | pa-**gar** |
| **payment** | el pago | **pa**-go |
| **payphone** | el teléfono público | te-**le**-fo-no **poo**-blee-ko |
| **peach** | el melocotón | me-lo-ko-**ton** |
| **pear** | la pera | **pe**-ra |
| **peas** | los guisantes | gee-**san**-tes |
| **to peel** (fruit) | pelar | pe-**lar** |
| **pen** | el bolígrafo; el boli | bo-**lee**-gra-fo; **bo**-lee |
| **pensioner** | el/la pensionista | pen-syo-**nees**-ta |
| **people** | la gente | **khen**te |
| **pepper** (spice) | la pimienta | pee-**myen**-ta |
| (vegetable) | el pimiento | pee-**myen**-to |
| **per** | por | por |
| ***per day*** | al día | |
| ***per hour*** | por hora | |
| ***per week*** | a la semana | |
| ***per person*** | por persona | |
| **perhaps** | quizá(s) | kee**tha(s)** |
| **person** | la persona | pair-**so**-na |
| **petrol** | la gasolina | ga-so-**lee**-na |

| | | |
|---|---|---|
| ***unleaded petrol*** | la gasolina sin plomo | |
| **petrol station** | la gasolinera | ga-so-lee-**ne**-ra |
| **pharmacy** | la farmacia | far-**ma**-thya |
| **phone** | el teléfono | te-**le**-fo-no |
| (mobile) | el móvil | **mo**-beel |
| ***by phone*** | por teléfono | |
| **to phone** | llamar por teléfono | lya-**mar** por te-**le**-fo-no |
| **phonebook** | la guía (telefónica) | **gee**-a (te-le-**fo**-nee-ka) |
| **phonebox** | la cabina (telefónica) | ka-**bee**-na (te-le-**fo**-nee-ka) |
| **phone call** | la llamada (telefónica) | lya-**ma**-da (te-le-**fo**-nee-ka) |
| **to photocopy** | fotocopiar | fo-to-ko-**pyar** |
| **photograph** | la fotografía | fo-to-gra-**fee**-a |
| ***to take a photograph*** | hacer una fotografía | |
| **piece** | el trozo | **tro**-tho |
| **pillow** | la almohada | al-mo-**a**-da |
| **pink** | rosa | **ro**-sa |
| **pity:** ***what a pity*** | ¡qué pena! | ike **pe**-na! |
| **place** | el lugar | loo**gar** |
| **place of birth** | el lugar de nacimiento | loo**gar** de na-thee-**myen**-to |
| **plan** (of town) | el plano | **pla**-no |
| **plane** (airplane) | el avión | a-**byon** |
| **plaster** (sticking) | la tirita | tee-**ree**-ta |
| (for broken limb) | la escayola | es-ka-**yo**-la |
| **plastic** (made of) | de plástico | de **plas**-tee-ko |
| **platform** | el andén | an**den** |
| **play** (theatre) | la obra | **o**-bra |
| **to play** (games) | jugar | khoo**gar** |
| **pleasant** | agradable | a-gra-**da**-ble |
| **please** | por favor | por fa-**bor** |
| **pleased** | contento(a) | kon-**ten**-to(a) |
| **p.m.** | de la tarde | de la **tar**de |
| **pocket** | el bolsillo | bol-**see**-lyo |

| | | |
|---|---|---|
| **point** | el punto | **poon**to |
| **poisonous** | venenoso(a) | ve-ne-**no**-so(a) |
| **police** (force) | la policía | po-lee-**thee**-a |
| **police station** | la comisaría | ko-mee-sa-**ree**-a |
| **pool** | la piscina | pees-**thee**-na |
| **poor** | pobre | **po**-bre |
| **pork** | el cerdo | **thair**do |
| **port** (seaport) | el puerto | **pwair**to |
| (wine) | el oporto | o-**por**-to |
| **porter** (hotel) | el portero | por-**te**-ro |
| (at station) | el mozo | **mo**-tho |
| **possible** | posible | po-**see**-ble |
| **post:** ***by post*** | por correo | por ko-**rre**-o |
| **to post** | echar al correo | e-**char** al ko-**rre**-o |
| **postbox** | el buzón | boo**thon** |
| **postcard** | la postal | pos**tal** |
| **postcode** | el código postal | **ko**-dee-go pos**tal** |
| **post office** | la oficina de Correos | o-fee-**thee**-na de ko-**rre**-os |
| **potato** | la patata | pa-**ta**-ta |
| **pound** (weight) | = approx. medio kilo | **me**-dyo **kee**lo |
| (money) | la libra | **lee**bra |
| **to prefer** | preferir | pre-fe-**reer** |
| **to prepare** | preparar | pre-pa-**rar** |
| **prescription** | la receta médica | re-**the**-ta **me**-dee-ka |
| **present** (gift) | el regalo | re-**ga**-lo |
| **pretty** | bonito(a) | bo-**nee**-to(a) |
| **price** | el precio | **pre**-thyo |
| **price list** | la lista de precios | **lees**-ta de **pre**-thyos |
| **private** | privado(a) | pree-**ba**-do(a) |
| **problem** | el problema | pro-**ble**-ma |
| **prohibited** | prohibido(a) | pro-ee-**bee**-do(a) |
| **to pronounce** | pronunciar | pro-noon-**thyar** |
| ***how's it pronounced?*** | ¿cómo se pronuncia? | |
| **to provide** | proporcionar | pro-por-thyo-**nar** |
| **public holiday** | la fiesta (oficial) | **fyes**ta (o-fee-**thyal**) |
| **pudding** | el postre | **pos**tre |
| **to pull** | tirar | tee**rar** |

| | | |
|---|---|---|
| **purse** | el monedero | mo-ne-**de**-ro |
| **to put** (place) | poner | po-**nair** |
| **pyjamas** | el pijama | pee-**kha**-ma |
| **Pyrenees** | los Pirineos | pee-ree-**ne**-os |

## Q

| | | |
|---|---|---|
| **quality** | la calidad | ka-lee-**dad** |
| **quantity** | la cantidad | kan-tee-**dad** |
| **question** | la pregunta | pre-**goon**-ta |
| **queue** | la cola | **ko**-la |
| **to queue** | hacer cola | a-**thair ko**-la |
| **quick** | rápido(a) | **ra**-pee-do(a) |
| **quickly** | de prisa | de **pree**sa |
| **quiet** (place) | tranquilo(a) | tran-**kee**-lo(a) |
| **quite** | bastante | bas-**tan**-te |
| ***quite expensive*** | bastante caro | |

## R

| | | |
|---|---|---|
| **race** (sport) | la carrera | ka-**rre**-ra |
| **racket** (tennis, etc.) | la raqueta | ra-**ke**-ta |
| **radio** | la radio | **ra**-dyo |
| **railway** | el ferrocarril | fe-rro-ka-**rreel** |
| **rain** | la lluvia | **lyoo**bya |
| **to rain:** ***it's raining*** | está lloviendo | es**ta** lyo-**byen**-do |
| **raincoat** | el impermeable | eem-pair-me-**a**-ble |
| **rape** | la violación | byo-la-**thyon** |
| **rare** (unique) | excepcional | eks-thep-thyo-**nal** |
| (steak) | poco hecho(a) | **po**-ko **e**-cho(a) |
| **rate** (price) | la tarifa | ta-**ree**-fa |
| **rate of exchange** | el tipo de cambio | **tee**po de **kam**byo |
| **raw** | crudo(a) | **kroo**do(a) |
| **razor** | la maquinilla de afeitar | ma-kee-**nee**-lya de a-fey-**tar** |
| **razor blades** | las hojas de afeitar | **o**-khas de a-fey-**tar** |
| **to read** | leer | le-**air** |
| **ready** | listo(a) | **lees**to(a) |
| ***to get ready*** | prepararse | |

| | | |
|---|---|---|
| **real** | verdadero(a) | bair-da-**de**-ro(a) |
| **receipt** | el recibo | re-**thee**-bo |
| **reception desk** | la recepción | re-thep-**thyon** |
| **receptionist** | el/la recepcionista | re-thep-thyo-**nees**-ta |
| **to recommend** | recomendar | re-ko-men-**dar** |
| **red** | rojo(a) | **ro**-kho(a) |
| **to reduce** | reducir | re-doo-**theer** |
| **reduction** | el descuento | des-**kwen**-to |
| **refund** | el reembolso | re-em-**bol**-so |
| **to refuse** | negarse | ne-**gar**-se |
| **registered** (letter) | certificado(a) | thair-tee-fee-**ka**-do(a) |
| **registration form** | la hoja de inscripción | **o**-kha de eens-kreep-**thyon** |
| **to reimburse** | reembolsar | re-em-bol-**sar** |
| **relation** (family) | el/la pariente | pa **ryen**-te |
| **relationship** | la relación | re-la-**thyon** |
| **to remember** | acordarse (de) | a-kor-**dar**-se (de) |
| ***I don't remember*** | no me acuerdo | |
| **to remove** | quitar | ke**etar** |
| **repair** | la reparación | re-pa-ra-**thyon** |
| **to repair** | reparar | re-pa-**rar** |
| **to repeat** | repetir | re-pe-**teer** |
| **to reply** | contestar | kon-tes-**tar** |
| **to report** | informar | een-for-**mar** |
| **reservation** | la reserva | re-**sair**-ba |
| **to reserve** | reservar | re-sair-**bar** |
| **reserved** | reservado(a) | re-sair-**ba**-do(a) |
| **rest** (repose) | el descanso | des-**kan**-so |
| (remainder) | el resto | **res**to |
| **to rest** | descansar | des-kan-**sar** |
| **restaurant** | el restaurante | res-tow-**ran**-te |
| **restaurant car** | el coche restaurante | **ko**-che res-tow-**ran**-te |
| **to return** (to go back) | volver | bol**bair** |
| (to give back) | devolver | de-bol-**bair** |
| **return** (ticket) | de ida y vuelta | de **ee**da ee **bwel**ta |
| **rice** | el arroz | a-**rroth** |
| **rich** (person) | rico(a) | **ree**ko(a) |
| (food) | pesado(a) | pe-**sa**-do(a) |

| | | |
|---|---|---|
| **right** (correct) | correcto(a) | ko-**rrek**-to(a) |
| ***to be right*** | tener razón | |
| **right:** ***on/to the right*** | a la derecha | a la de-**re**-cha |
| **to ring** (bell, to phone) | llamar | lya-**mar** |
| **ring** | el anillo | a-**nee**-lyo |
| **road** | la carretera | ka-rre-**te**-ra |
| **road sign** | la señal de tráfico | se-**nyal** de **tra**-fee-ko |
| **roadworks** | las obras | **o**-bras |
| **roast** | asado(a) | a-**sa**-do(a) |
| **roll** (bread) | el panecillo | pa-ne-**thee**-lyo |
| **romantic** | romántico(a) | ro-**man**-teek-o(a) |
| **room** (in house, hotel) | la habitación | a-bee-ta-**thyon** |
| (space) | sitio | **see**tyo |
| **room number** | el número de habitación | **noo**-me-ro de a-bee-ta-**thyon** |
| **room service** | el servicio de habitaciones | sair-**bee**-thyo de a-bee-ta-**thyo**-nes |
| **rose** | la rosa | **ro**-sa |
| **rosé wine** | el (vino) rosado | (**bee**no) ro-**sa**-do |
| **round** (shape) | redondo(a) | re-**don**-do(a) |
| **row** (line, theatre) | la fila | **fee**la |
| **to run** | correr | ko-**rrair** |

# S

| | | |
|---|---|---|
| **safe** (secure) | seguro(a) | se-**goo**-ro(a) |
| (for valuables) | la caja fuerte | **ka**-kha **fwair**te |
| **safety** | la seguridad | se-goo-ree-**dad** |
| **salad** | la ensalada | en-sa-**la**-da |
| **salami** | el salchichón; el salami | sal-chee-**chon**; sa-**la**-mee |
| **sale(s)** | las rebajas | re-**ba**-khas |
| **salesman/woman** | el/la vendedor(a) | ben-de-**dor**(a) |
| **salt** | la sal | sal |
| **same** | mismo(a) | **mees**mo(a) |
| **sand** | la arena | a-**re**-na |

| | | |
|---|---|---|
| **sandwich** | el bocadillo; el sándwich | bo-ka-**dee**-lyo; **san**gweech |
| **satellite dish** | la antena parabólica | an-**te**-na pa-ra-**bo**-lee-ka |
| **satellite TV** | la televisión por satélite | te-le-bee-**syon** por sa-**te**-lee-te |
| **Saturday** | el sábado | **sa**-ba-do |
| **sauce** | la salsa | **sal**sa |
| **to save** (life) | salvar | sal**bar** |
| (money) | ahorrar | a-o-**rrar** |
| **savoury** | salado(a) | sa-**la**-do(a) |
| **to say** | decir | de-**theer** |
| **scarf** (woollen) | la bufanda | boo-**fan**-da |
| (headscarf) | el pañuelo | pa-nyoo-**e**-lo |
| **school** | la escuela | es-**kwe**-la |
| **Scotland** | Escocia | es-**ko**-thya |
| **Scottish** | escocés/escocesa | es-ko-**thes**/ es-ko-**the**-sa |
| **sea** | el mar | mar |
| **seafood** | el/los marisco(s) | ma-**rees**-ko(s) |
| **to search** | buscar | boos**kar** |
| **seasick** | mareado(a) | ma-re-**a**-do(a) |
| **seaside** | la playa | **pla**-ya |
| ***at the seaside*** | en la playa | |
| **season** (of year) | la estación | es-ta-**thyon** |
| (holiday) | la temporada | tem-po-**ra**-da |
| **seasonal** | estacional | es-ta-thyo-**nal** |
| **season ticket** | el abono | a-**bo**-no |
| **seasoning** | el condimento | kon-dee-**men**-to |
| **seat** (chair) | la silla | **see**lya |
| (in bus, train) | el asiento | a-**syen**-to |
| **seatbelt** | el cinturón de seguridad | theen-too-**ron** de se-goo-ree-**dad** |
| **second** | segundo(a) | se-**goon**-do(a) |
| **second** (time) | el segundo | se-**goon**-do |
| **second class** | de segunda clase | de se-**goon**-da**kla**-se |
| **to see** | ver | bair |
| **to sell** | vender | ben**dair** |
| ***do you sell...?*** | ¿tiene...? | |

| | | |
|---|---|---|
| **to send** | enviar | en-bee-**ar** |
| **September** | septiembre | sep-**tyem**-bre |
| **serious** (accident, etc.) | grave | **gra**-be |
| **service** (in church) | la misa | **mee**-sa |
| (in restaurant) | el servicio | sair-**bee**-thyo |
| ***is service included?*** | ¿está incluido el servicio? | |
| **service charge** | el servicio | sair-**bee**-thyo |
| **service station** | la estación de servicio | es-ta-**thyon** de sair-**bee**-thyo |
| **serviette** | la servilleta | sair-bee-**lye**-ta |
| **set menu** | el menú del día | me-**noo** del **dee**-a |
| **several** | varios(as) | **ba**-ryos(as) |
| **sex** | el sexo | **sek**so |
| **shade** | la sombra | **som**bra |
| **shampoo** | el champú | cham**poo** |
| **to share** | compartir; dividir | kom-par-**teer**; dee-bee-**deer** |
| **to shave** | afeitarse | a-fey-**tar**-se |
| **shaver** | la maquinilla de afeitar | ma-kee-**nee**-lya de a-fey-**tar** |
| **sheet** (bed) | la sábana | **sa**-ba-na |
| **shellfish** | el/los marisco(s) | ma-**rees**-ko(s) |
| **shirt** | la camisa | ka-**mee**-sa |
| **shoe** | el zapato | tha-**pa**-to |
| **shop** | la tienda | **tyen**da |
| **to shop** | hacer compras; comprar | a-**thair kom**-pras; kom**prar** |
| **shop assistant** | el/la dependiente(a) | de-pen-**dyen**-te(a) |
| **short** | corto(a) | **kor**to(a) |
| **shorts** | los pantalones cortos | pan-ta-**lo**-nes **kor**tos |
| **shoulder** | el hombro | **om**bro |
| **to show** | enseñar | en-se-**nyar** |
| **shower** (bath) | la ducha | **doo**cha |
| (rain) | el chubasco | choo-**bas**-ko |
| **shut** (closed) | cerrado(a) | the-**rra**-do(a) |
| **sick** (ill) | enfermo(a) | en-**fair**-mo(a) |

| | | |
|---|---|---|
| **sightseeing:** ***to go sightseeing*** | hacer turismo | a-**thair** too-**rees**-mo |
| **sign** | la señal | se-**nyal** |
| **to sign** | firmar | feer**mar** |
| **signature** | la firma | **feer**ma |
| **silk** | la seda | **se**-da |
| **silver** | la plata | **pla**-ta |
| **similar to** | parecido(a) a | pa-re-**thee**-do(a) a |
| **since** (time) | desde | **des**-de |
| (because) | puesto que | **pwes**to ke |
| ***since 1974*** | desde 1974 | |
| **to sing** | cantar | kan**tar** |
| **single** (unmarried) | soltero(a) | sol-**te**-ro(a) |
| (bed, room) | individual | een-dee-bee-doo-**al** |
| **sir** | señor | se**nyor** |
| **sister** | la hermana | air-**ma**-na |
| **to sit** | sentarse | sen-**tar**-se |
| ***sit down, please*** | siéntese, por favor | |
| **size** (clothes) | la talla | **ta**-lya |
| (shoes) | el número | **noo**-me-ro |
| **to ski** | esquiar | es-kee-**ar** |
| **ski boots** | las botas de esquí | **bo**-tas de es**kee** |
| **ski instructor** | el/la monitor(a) de esquí | mo-nee-**tor**(a) de es**kee** |
| **skin** | la piel | pyel |
| **skirt** | la falda | **fal**da |
| **sky** | el cielo | **thye**-lo |
| **to sleep** | dormir | dor**meer** |
| **sleeping bag** | el saco de dormir | **sa**-ko de dor**meer** |
| **slice** (of bread) | la rebanada | re-ba-**na**-da |
| (of ham) | la loncha | **lon**cha |
| **sliced bread** | el pan de molde | pan de **mol**de |
| **slow** | lento(a) | **len**to(a) |
| **to slow down** | reducir la velocidad | re-doo-**theer** la be-lo-thee-**dad** |
| **slowly** | despacio | des-**pa**-thyo |
| **small** | pequeño(a) | pe-**ke**-nyo(a) |
| **smell** | el olor | o-**lor** |
| **smile** | la sonrisa | son-**ree**-sa |

| | | |
|---|---|---|
| **to smile** | sonreír | son-re-**eer** |
| **to smoke** | fumar | foo**mar** |
| **smoke** | el humo | **oo**mo |
| **snack** | el tentempié | ten-tem-**pye** |
| ***to have a snack*** | tomar algo | |
| **to sneeze** | estornudar | es-tor-noo-**dar** |
| **snow** | la nieve | **nye**-be |
| **to snow** | nevar | ne-**bar** |
| **soap** | el jabón | kha-**bon** |
| **sober** | sobrio(a) | **so**-bryo(a) |
| **social network** | la red social | red so-**thyal** |
| **sofa** | el sofá | so-**fa** |
| **soft** | blando | **blan**do |
| **soft drink** | el refresco | re-**fres**-ko |
| **some** | algunos(as) | al-**goo**-nos(as) |
| **someone** | alguien | **al**gyen |
| **something** | algo | **al**go |
| **sometimes** | a veces | a **be**-thes |
| **son** | el hijo | **ee**kho |
| **soon** | pronto | **pron**to |
| ***as soon as possible*** | lo antes posible | lo **syen**to |
| **sore throat** | el dolor de garganta | do-**lor** de gar-**gan**-ta |
| **sorry:** ***sorry!*** | ¡perdón! | ¡pair**don**! |
| ***I'm sorry*** | lo siento | lo **syen**to |
| **soup** | la sopa | **so**-pa |
| **south** | el sur | soor |
| **souvenir** | el souvenir | soo-be-**neer** |
| **Spain** | España | es-**pa**-nya |
| **Spanish** | español(a) | es-pa-**nyol**(a) |
| **sparkling** (wine) | espumoso(a) | es-poo-**mo**-so(a) |
| (water) | con gas | con gas |
| **to speak** | hablar | a-**blar** |
| **special** | especial | es-pe-**thyal** |
| **speciality** | la especialidad | es-pe-thya-lee-**dad** |
| **speed** | la velocidad | be-lo-thee-**dad** |
| **speeding** | el exceso de velocidad | eks-**the**-so de be-lo-thee-**dad** |

| | | |
|---|---|---|
| **speed limit** | la velocidad máxima | be-lo-thee-**dad** **mak**-see-ma |
| **spell:** ***how is it spelt?*** | ¿cómo se escribe? | ¿**ko**-mo se es-**kree**-be? |
| **to spend** (money) | gastar | gas**tar** |
| **spicy** | picante | pee-**kan**-te |
| **to spill** | derramar | de-rra-**mar** |
| **spirits** | el alcohol | al**kol** |
| **spoon** | la cuchara | koo-**cha**-ra |
| **sport** | el deporte | de-**por**-te |
| **sports centre** | el polideportivo | po-lee-de-por-**tee**-bo |
| **sports shop** | la tienda de deportes | **tyen**da de de-**por**-tes |
| **spring** (season) | la primavera | pree-ma-**be**-ra |
| (metal) | el muelle | **mwe**-lye |
| **square** (in town) | la plaza | **pla**-tha |
| **to squeeze** | apretar | a-pre-**tar** |
| (lemon) | exprimir | eks-pree-**meer** |
| **stadium** | el estadio | es-**ta**-dyo |
| **stain** | la mancha | **man**cha |
| **stairs** | las escaleras | es-ka-**le**-ras |
| **stamp** (postage) | el sello | **se**-lyo |
| **to stand** | estar de pie | es**tar** de pye |
| **star** | la estrella | es-**tre**-lya |
| **to start** (car) | poner en marcha | po-**nair** en **mar**cha |
| **starter** (in meal) | entrante | en-**tran**-te |
| (in car) | la puesta en marcha | **pwes**ta en **mar**cha |
| **station** | la estación | es-ta-**thyon** |
| **stay** | la estancia | es-**tan**-thya |
| **to stay** (remain) | quedarse | ke-**dar**-se |
| ***I'm staying at the hotel...*** | estoy alojado(a) en el hotel... | |
| **steak** | el filete | fee-**le**-te |
| **to steal** | robar | ro-**bar** |
| **steel** | el acero | a-**the**-ro |
| **steep:** ***is it steep?*** | ¿hay mucha subida? | ¿aee **mo**-cha soo-**bee**-da? |
| **step** | el peldaño | pel-**da**-nyo |

| | | |
|---|---|---|
| **sterling** (pounds) | las libras esterlinas | **lee**bras es-tair-**lee**-nas |
| **to stick** (with glue) | pegar | pe-**gar** |
| **still** (not fizzy) | sin gas | seen gas |
| **stomach** | el estómago | es-**to**-ma-go |
| **stomach upset** | el trastorno estomacal | tras-**tor**-no es-to-ma-**kal** |
| **stone** | la piedra | **pye**-dra |
| **to stop** | parar | pa-**rar** |
| **store** (shop) | la tienda | **tyen**da |
| **storm** | la tormenta | tor-**men**-ta |
| (at sea) | el temporal | tem-po-**ral** |
| **story** | la historia | ees-**to**-rya |
| **straightaway** | inmediatamente | een-me-dya-ta-**men**-te |
| **straight on** | todo recto | **to**-do **rek**to |
| **strawberry** | la fresa | **fre**-sa |
| **street** | la calle | **ka**-lye |
| **street map** | el plano de la ciudad | **pla**-no de la thyoo**dad** |
| **strength** | la fuerza | **fwair**tha |
| **stroke** (medical) | la trombosis | trom-**bo**-sees |
| **strong** | fuerte | **fwair**te |
| **student** | el/la estudiante | es-too-**dyan**-te |
| **stung** | picado(a) | pee-**ka**-do(a) |
| **suddenly** | de repente | de re-**pen**-te |
| **suede** | el ante | **an**te |
| **sugar** | el azúcar | a-**thoo**-kar |
| **sugar-free** | sin azúcar | seen a-**thoo**-kar |
| **to suggest** | sugerir | soo-khe-**reer** |
| **suit** (men's and women's) | el traje | **tra**-khe |
| **suitcase** | la maleta | ma-**le**-ta |
| **summer** | el verano | be-**ra**-no |
| **sun** | el sol | sol |
| **to sunbathe** | tomar el sol | to-**mar** el sol |
| **sunblock** | la protección solar | pro-tek-**thyon** so-**lar** |
| **sunburn** | la quemadura del sol | ke-ma-**doo**-ra del sol |

| | | |
|---|---|---|
| **suncream** | el protector solar | pro-tek-**tor** so-**lar** |
| **Sunday** | el domingo | do-**meen**-go |
| **sunglasses** | las gafas de sol | **ga**-fas de sol |
| **sunny:** ***it's sunny*** | hace sol | **a**-the sol |
| **sunscreen** | el filtro solar | **feel**tro so-**lar** |
| **sunstroke** | la insolación | een-so-la-**thyon** |
| **supermarket** | el supermercado | soo-pair-mair-**ka**-do |
| **supper** | la cena | **the**-na |
| **supplement** | el suplemento | soo-ple-**men**-to |
| **surname** | el apellido | a-pe-**lyee**-do |
| **surprise** | la sorpresa | sor-**pre**-sa |
| **to survive** | sobrevivir | so-bre-bee-**beer** |
| **to sweat** | sudar | soo**dar** |
| **sweet** (not savoury) | dulce | **dool**the |
| **sweet** (dessert) | el dulce | **dool**the |
| **sweetener** | el edulcorante | e-dool-ko-**ran**-te |
| **sweets** | los caramelos | ka-ra-**me**-los |
| **to swell** (injury, etc.) | hincharse | een-**char**-se |
| **to swim** | nadar | na-**dar** |
| **swimming pool** | la piscina | pees-**thee**-na |
| **swimsuit** | el bañador | ba-nya-**dor** |
| **to switch off** | apagar | a-pa-**gar** |
| **to switch on** | encender | en-then-**dair** |
| **swollen** | hinchado(a) | een-**cha**-do(a) |

# T

| | | |
|---|---|---|
| **table** | la mesa | **me**-sa |
| **tablet** (pill) | la pastilla | pas-**tee**-lya |
| (computer) | la tablet | **ta**-blet |
| **to take** (medicine, etc.) | tomar | to-**mar** |
| ***how long does it take?*** | ¿cuánto tiempo se tarda? | |
| **to take off** | despegar | des-pe-**gar** |
| **to take out** (of bag, etc.) | sacar | sa-**kar** |
| **to talk to** | hablar con | a-**blar** kon |
| **tall** | alto(a) | **al**to(a) |
| **taste** | el sabor | sa-**bor** |

| | | |
|---|---|---|
| **to taste** | probar | pro-**bar** |
| ***can I taste it?*** | ¿puedo probarlo? | |
| **tax** | el impuesto | eem-**pwes**-to |
| **taxi** | el taxi | **tak**see |
| **tea** | el té | te |
| **teeth** | los dientes | **dyen**tes |
| **telephone** | el teléfono | te-**le**-fo-no |
| **to telephone** | llamar por teléfono | lya-**mar** por te-**le**-fo-no |
| **telephone box** | la cabina (telefónica) | ka-**bee**-na (te-le-**fo**-nee-ka) |
| **telephone call** | la llamada (telefónica) | lya-**ma**-da (te-le-**fo**-nee-ka) |
| **telephone directory** | la guía (telefónica) | **gee**-a (te-le-**fo**-nee-ka) |
| **telephone number** | el número de teléfono | **noo**-me-ro de te-**le**-fo-no |
| **television** | la televisión | te-le-bee-**syon** |
| **to tell** | decir | de-**theer** |
| **temperature** | la temperatura | tem-pe-ra-**too**-ra |
| ***to have a temperature*** | tener fiebre | te-**nair fye**-bre |
| **temporary** | provisional | pro-bee-syo-**nal** |
| **tennis** | el tenis | **te**-nees |
| **to test** (try out) | probar | pro-**bar** |
| **text** (message) | el SMS | ese-eme-ese |
| **to text** | enviar un SMS | en-bee-**ar** un ese-eme-ese |
| **to thank** | agradecer | a-gra-de-**thair** |
| **thank you** | gracias | **gra**-thyas |
| **that** | ese/esa | **e**-se/**e**-sa |
| ***that one*** | ese/esa/eso | |
| **the** | el/la/los/las | el/la/los/las |
| **theatre** | el teatro | te-**a**-tro |
| **theft** | el robo | **ro**-bo |
| **there** (over there) | allí | a-**lyee** |
| **there is/there are** | hay | **a**ee |
| **these** | estos/estas | **es**tos/**es**tas |
| ***these ones*** | estos/estas | **es**tos/**es**tas |

| | | |
|---|---|---|
| **they** | ellos/ellas | **e**-lyos/**e**-lyas |
| **thick** (not thin) | grueso(a) | **grwe**-so(a) |
| **thief** | el ladrón/la ladrona | la-**dron**/la-**dro**-na |
| **thin** (person) | delgado(a) | del-**ga**-do(a) |
| **thing** | la cosa | **ko**-sa |
| ***my things*** | mis cosas | |
| **to think** | pensar | pen**sar** |
| **thirsty:** ***I'm thirsty*** | tengo sed | **ten**go sed |
| **this** | este/esta | **es**te/**es**ta/**es**to |
| ***this one*** | este/esta/esto | |
| **those** | esos/esas | **e**-sos/**e**-sas |
| ***those ones*** | esos/esas | |
| **throat** | la garganta | gar-**gan**-ta |
| **thunderstorm** | la tormenta | tor-**men**-ta |
| **Thursday** | el jueves | **khwe**-bes |
| **ticket** (bus, etc.) | el billete | bee-**lye**-te |
| **ticket office** | el despacho de billetes | des-**pa**-cho de bee-**lye**-tes |
| **tidy** | arreglado(a) | a-rre-**gla**-do(a) |
| **to tidy up** | ordenar | or-de-**nar** |
| **tie** | la corbata | kor-**ba**-ta |
| **tight** (fitting) | ajustado(a) | a-khoos-**ta**-do(a) |
| **tights** | las medias | **me**-dyas |
| **till** (cash desk) | la caja | **ka**-kha |
| (until) | hasta | **as**-ta |
| ***till 2 o'clock*** | hasta las 2 | |
| **time** | el tiempo | **tyem**po |
| (clock) | la hora | **o**-ra |
| **timetable** | el horario | o-**ra**-ryo |
| **tip** | la propina | pro-**pee**-na |
| **tired** | cansado(a) | kan-**sa**-do(a) |
| **tissues** | los kleenex® | **klee**neks |
| **to** | a | a |
| ***to the airport*** | al aeropuerto | |
| **toast** (to eat) | la tostada | tos-**ta**-da |
| (raising glass) | el brindis | **breen**dees |
| **tobacco** | el tabaco | ta-**ba**-ko |
| **tobacconist's** | el estanco | el es-**tan**-ko |
| **today** | hoy | oy |

| | | |
|---|---|---|
| **together** | juntos(as) | **khoon**tos(as) |
| **toilet** | los aseos; los servicios | a-**se**-os; sair-**bee**-thyos |
| ***toilet for disabled people*** | los servicios para discapacitados | |
| **tomato** | el tomate | to-**ma**-te |
| **tomorrow** | mañana | ma-**nya**-na |
| **tongue** | la lengua | **len**gwa |
| **tonic water** | la tónica | **to**-nee-ka |
| **tonight** | esta noche | **es**ta **no**-che |
| **too** (also) | también | tam**byen** |
| **tooth** | el diente | **dyen**te |
| **toothache** | el dolor de muelas | do-**lor** de **mwe**-las |
| **toothbrush** | el cepillo de dientes | the-**pee**-lyo de **dyen**tes |
| **toothpaste** | la pasta de dientes | **pas**ta de **dyen**tes |
| **top** (of hill) | la cima | **thee**ma |
| (shirt) | el top | top |
| (t-shirt) | la camiseta | ka-mee-**se**-ta |
| ***on top of...*** | sobre... | |
| **total** (amount) | el total | to-**tal** |
| **tour** (trip) | el viaje | **bya**-khe |
| (of museum, etc.) | la visita | bee-**see**-ta |
| ***guided tour*** | la visita con guía | |
| **tourist** | el/la turista | too-**rees**-ta |
| **tourist office** | la oficina de turismo | o-fee-**thee**-na de too-**rees**-mo |
| **town** | la ciudad | thyoo**dad** |
| **town centre** | el centro de la ciudad | **then**tro de la thyoo**dad** |
| **town hall** | el ayuntamiento | a-yoon-ta-**myen**-to |
| **town plan** | el plano de la ciudad | **pla**-no de la thyoo**dad** |
| **toy** | el juguete | khoo-**ge**-te |
| **traditional** | tradicional | tra-dee-thyo-**nal** |
| **traffic** | el tráfico | **tra**-fee-ko |
| **traffic jam** | el atasco | a-**tas**-ko |
| **traffic lights** | el semáforo | se-**ma**-fo-ro |

| | | |
|---|---|---|
| **traffic warden** | el/la guardia de tráfico | **gwar**dya de **tra**-fee-ko |
| **trailer** | el remolque | re-**mol**-ke |
| **train** | el tren | tren |
| ***by train*** | en tren | |
| **tram** | el tranvía | tran-**bee**-a |
| **to translate** | traducir | tra-doo-**theer** |
| **to travel** | viajar | bya-**khar** |
| **travel agent's** | la agencia de viajes | a-**khen**-thya de **bya**-khes |
| **trip** | la excursión | eks-koor-**syon** |
| **trolley** | el carrito | ka-**rree**-to |
| **trouble** | el apuro | a-**poo**-ro |
| ***to be in trouble*** | estar en apuros | |
| **trousers** | los pantalones | pan-ta-**lo**-nes |
| **true** | verdadero(a) | bair-da-**de**-ro(a) |
| **to try** (attempt) | probar | pro-**bar** |
| **to try on** (clothes) | probarse | pro-**bar**-se |
| **t-shirt** | la camiseta | ka-mee-**se**-ta |
| **Tuesday** | el martes | **mar**tes |
| **to turn** | girar | gee**rar** |
| **to turn around** | girar | gee**rar** |
| **to turn off** (light, etc.) | apagar | a-pa-**gar** |
| (tap) | cerrar | the-**rrar** |
| **to turn on** (light, etc.) | encender | en-then-**dair** |
| (tap) | abrir | a-**breer** |
| **twice** | dos veces | dos **be**-thes |
| **typical** | típico(a) | **tee**-pee-ko(a) |

# U

| | | |
|---|---|---|
| **ugly** | feo(a) | **fe**-o(a) |
| **umbrella** | el paraguas | pa-**ra**-gwas |
| (sunshade) | la sombrilla | som-**bree**-lya |
| **uncle** | el tío | **tee**-o |
| **uncomfortable** | incómodo(a) | een-**ko**-mo-do(a) |
| **under** | debajo de | de-**ba**-kho de |
| **underground** | el metro | **me**-tro |

| | | |
|---|---|---|
| **to understand** | entender | en-ten-**dair** |
| ***I don't understand*** | no entiendo | |
| ***do you understand?*** | ¿entiende? | |
| **underwear** | la ropa interior | **ro**-pa een-te-**ryor** |
| **United Kingdom** | el Reino Unido | **rey**no oo-**nee**-do |
| **United States** | Estados Unidos | es-**ta**-dos oo-**nee**-dos |
| **unleaded petrol** | la gasolina sin plomo | ga-so-**lee**-na seen **plo**-mo |
| **to unpack** (suitcases) | deshacer las maletas | de-sa-**thair** las ma-**le**-tas |
| **up:** ***to get up*** | levantarse | le-ban-**tar**-se |
| **urgent** | urgente | oor-**khen**-te |
| **to use** | usar | oo**sar** |
| **useful** | útil | **oo**teel |

# V

| | | |
|---|---|---|
| **vacancy** (in hotel) | la habitación libre | a-bee-ta-**thyon** **lee**bre |
| **vacant** | libre | **lee**bre |
| **valid** | válido(a) | **ba**-lee-do(a) |
| **valley** | el valle | **ba**-lye |
| **valuable** | de valor | de ba-**lor** |
| **valuables** | los objetos de valor | ob-**khe**-tos de ba-**lor** |
| **value** | el valor | ba-**lor** |
| **VAT** | el IVA | **ee**ba |
| **vegetables** | las verduras | bair-**doo**-ras |
| **vegetarian** | vegetariano(a) | be-khe-ta-**rya**-no(a) |
| **very** | muy | mwee |
| **vest** | la camiseta | ka-mee-**se**-ta |
| **vet** | el/la veterinario(a) | be-te-ree-**na**-ryo(a) |
| **via** | por | por |
| **view** | la vista | **bees**ta |
| **village** | el pueblo | **pwe**-blo |
| **vinegar** | el vinagre | bee-**na**-gre |
| **virus** | el virus | **bee**roos |
| **visa** | el visado | bee-**sa**-do |
| **visit** | la visita | bee-**see**-ta |

| | | |
|---|---|---|
| **to visit** | visitar | bee-see-**tar** |
| **visitor** | el/la visitante | bee-see-**tan**-te |
| **voice** | la voz | both |
| **to vomit** | vomitar | bo-mee-**tar** |
| **voucher** | el vale; el bono | **ba**-le; **bo**-no |

# W

| | | |
|---|---|---|
| **to wait for** | esperar | es-pe-**rar** |
| **waiter/waitress** | el/la camarero(a) | ka-ma-**re**-ro(a) |
| **waiting room** | la sala de espera | **sa**-la de es-**pe**-ra |
| **Wales** | Gales | **ga**-les |
| **walk** | un paseo | oon pa-**se**-o |
| ***to go for a walk*** | dar un paseo | |
| **to walk** | andar | an**dar** |
| **wallet** | la cartera | kar-**te**-ra |
| **to want** | querer | ke-**rair** |
| ***I want*** | quiero | |
| **warm** | caliente | ka-**lyen**-te |
| ***it's warm*** (weather) | hace calor | |
| **to warm up** (milk, etc.) | calentar | ka-len-**tar** |
| **to wash (oneself)** | lavar(se) | la-**bar**(se) |
| **to watch** (look at) | mirar | mee**rar** |
| **watch** | el reloj | re-**lokh** |
| **water** | el agua | **a**-gwa |
| ***drinking water*** | el agua potable | |
| ***hot/cold water*** | el agua caliente/fría | |
| **watermelon** | la sandía | san-**dee**-a |
| **way** (manner) | la manera | ma-**ne**-ra |
| (route) | el camino | ka-**mee**-no |
| **way in** (entrance) | la entrada | en-**tra**-da |
| **way out** (exit) | la salida | sa-**lee**-da |
| **weak** (coffee, tea) | poco cargado(a) | **po**-ko kar-**ga**-do(a) |
| **to wear** | llevar | lye-**bar** |
| **weather** | el tiempo | **tyem**po |
| **wedding** | la boda | **bo**-da |
| **Wednesday** | el miércoles | **myair**-ko-les |
| **week** | la semana | se-**ma**-na |
| ***last week*** | la semana pasada | |

| | | |
|---|---|---|
| ***next week*** | la semana que viene | |
| ***per week*** | por semana | |
| ***this week*** | esta semana | |
| **weekend** | el fin de semana | feen de se-**ma**-na |
| **weekly** | semanal | se-ma-**nal** |
| **weight** | el peso | **pe**-so |
| **welcome!** | ¡bienvenido(a)! | ibyen-be-**nee**-do(a)! |
| **well done** (steak) | muy hecho(a) | mwee **e**-cho(a) |
| **Welsh** | galés/galesa | ga-**les**/ga-**les**-a |
| (language) | el galés | ga-**les** |
| **west** | el oeste | o-**es**-te |
| **wet** | mojado(a) | mo-**kha**-do(a) |
| (weather) | lluvioso(a) | lyoo-**byo**-so(a) |
| **what?** | ¿qué? | ¿ke? |
| **when?** | ¿cuándo? | ¿**kwan**do? |
| **where?** | ¿dónde? | ¿**don**de? |
| **which?** | ¿cuál? | ¿kwal? |
| ***which one?*** | ¿cuál? | |
| ***which ones?*** | ¿cuáles? | |
| **while:** ***in a while*** | dentro de un rato | **den**tro de oon **ra**-to |
| **white** | blanco(a) | **blan**ko(a) |
| **who?** | ¿quién? | ¿kyen? |
| **whole** | entero(a) | en-**te**-ro(a) |
| **wholemeal bread** | el pan integral | pan een-te-**gral** |
| **whose?** | ¿de quién? | ¿de kyen? |
| **why?** | ¿por qué? | ¿por ke? |
| **wide** | ancho(a) | **an**cho(a) |
| **wife** | la mujer | moo**khair** |
| **to win** | ganar | ga-**nar** |
| **wind** | el viento | **byen**to |
| **window** | la ventana | ben-**ta**-na |
| (shop) | el escaparate | es-ka-pa-**ra**-te |
| (in car, train) | la ventanilla | ben-ta-**nee**-lya |
| **wine** | el vino | **bee**no |
| **wine list** | la carta de vinos | **kar**ta de **bee**nos |
| **winter** | el invierno | een-**byair**-no |
| **with** | con | kon |
| ***with ice*** | con hielo | |
| ***with milk*** | con leche | |
| ***with sugar*** | con azúcar | |

| | | |
|---|---|---|
| **without** | sin | seen |
| ***without ice*** | sin hielo | |
| ***without milk*** | sin leche | |
| ***without sugar*** | sin azúcar | |
| **woman** | la mujer | moo**khair** |
| **word** | la palabra | pa-**la**-bra |
| **work** | el trabajo | tra-**ba**-kho |
| **to work** (person) | trabajar | tra-ba-**khar** |
| (machine, car) | funcionar | foon-thyo-**nar** |
| **world** | el mundo | **moon**do |
| **worried** | preocupado(a) | pre-okoo-**pa**-do(a) |
| **worse** | peor | pe-**or** |
| **to write** | escribir | es-kree-**beer** |
| ***please write it down*** | escríbalo, por favor | |
| **wrong: *what's wrong*** | ¿qué pasa? | ¿ke **pa**-sa? |

## X

| | | |
|---|---|---|
| **X-ray** | la radiografía | ra-dyo-gra-**fee**-a |
| **to X-ray** | hacer una radiografía | a-**thair oo**na ra-dyo-gra-**fee**-a |

## Y

| | | |
|---|---|---|
| **year** | el año | **a**nyo |
| ***this year*** | este año | |
| ***next year*** | el año que viene | |
| ***last year*** | el año pasado | |
| **yellow** | amarillo(a) | a-ma-**ree**-lyo(a) |
| **Yellow Pages®** | las Páginas Amarillas | **pa**-khee-nas a-ma-**ree**-lyas |
| **yes** | sí | see |
| **yesterday** | ayer | a-**yair** |
| **yoghurt** | el yogur | yo-**goor** |
| **young** | joven | **kho**-ben |

## Z

| | | |
|---|---|---|
| **zone** | la zona | **tho**-na |
| **zoo** | el zoo | **tho**-o |

# A

| | |
|---|---|
| **a** | to; at |
| ***a la estación*** | to the station |
| ***a las 4*** | at 4 o'clock |
| **abajo** | below; downstairs |
| **abierto(a)** | open |
| **abrigo** *m* | coat |
| **abril** *m* | April |
| **abrir** | to open; to turn on *(tap)* |
| **abuela** *f* | grandmother |
| **abuelo** *m* | grandfather |
| **abuelos** *mpl* | grandparents |
| **acabar** | to finish |
| **acampar** | to camp |
| **acceso** *m* | access |
| ***acceso prohibido*** | no access |
| ***acceso vías*** | to the platforms |
| **accidente** *m* | accident |
| **aceite** *m* | oil |
| ***aceite de oliva*** | olive oil |
| **aceituna** *f* | olive |
| **aceptar** | to accept |
| **acompañar** | to accompany |
| **acuerdo** *m* | agreement |
| ***¡de acuerdo!*** | OK!; alright! |
| **adelante** | forward |
| **adiós** | goodbye; bye |
| **admitir** | to accept; to permit |
| ***no se admiten...*** | ...not permitted |
| **aduana** *f* | customs |
| **adulto(a)** *mf* | adult |
| **aerolínea** *f* | airline |
| **aeropuerto** *m* | airport |
| **afeitarse** | to shave |
| **aficionado(a)** *mf* | fan *(cinema, jazz, etc.)* |
| **agencia** *f* | agency |
| ***agencia inmobiliaria*** | estate agent's |
| **agenda** *f* | diary; personal organizer |

| | |
|---|---|
| **agente de policía** *mf* | policeman/woman |
| **agosto** *m* | August |
| **agradecer** | to thank |
| **agua** *f* | water |
| ***agua caliente/fría*** | hot/cold water |
| ***agua mineral*** | mineral water |
| **ahora** | now |
| **ahorrar** | to save *(money)* |
| **ahumado(a)** | smoked |
| **aire** *m* | air |
| ***aire acondicionado*** | air-conditioning |
| **alarma** *f* | alarm |
| **albaricoque** *m* | apricot |
| **albergue** *m* | hostel |
| **alcanzar** | to reach; to get |
| **alcohol** *m* | alcohol; spirits |
| **alcohólico(a)** | alcoholic |
| **alergia** *f* | allergy |
| **alérgico(a) a** | allergic to |
| **algo** | something |
| **algodón** *m* | cotton |
| **alguien** | someone |
| **alguno(a)** | some; any |
| **algunos(as)** | some; a few |
| **alimentación** *f* | grocer's; food |
| **alimento** *m* | food |
| **allí** | there *(over there)* |
| **almacén** *m* | store; warehouse |
| ***grandes almacenes*** | department stores |
| **almendra** *f* | almond |
| **almohada** *f* | pillow |
| **almuerzo** *m* | lunch |
| **alojamiento** *m* | accommodation |
| ***alojamiento y desayuno*** | bed and breakfast |
| **alquilar** | to rent; to hire |
| ***se alquila*** | for hire |
| **alquiler** *m* | rent; rental |
| ***alquiler de coches*** | car hire |

| | |
|---|---|
| **alrededor** | about; around |
| **alto(a)** | high; tall |
| ***alta tensión*** | high voltage |
| **altura** *f* | altitude; height |
| **amable** | pleasant; kind |
| **amarillo(a)** | yellow; amber *(traffic light)* |
| **ambulancia** *f* | ambulance |
| **ambulatorio** *m* | health centre |
| **América del Norte** *f* | North America |
| **amigo(a)** *mf* | friend |
| **amor** *m* | love |
| **analgésico** *m* | painkiller |
| **análisis** *m* | analysis |
| **ancho** *m* | width |
| **anchoa** *f* | anchovy *(salted)* |
| **Andalucía** *f* | Andalusia |
| **andaluz(a)** | Andalusian |
| **andar** | to walk |
| **andén** *m* | platform |
| **angina (de pecho)** *f* | angina |
| **anillo** *m* | ring |
| **animal** *m* | animal |
| **aniversario** *m* | anniversary |
| **año** *m* | year |
| **Año Nuevo** | New Year |
| **ante** *m* | suede |
| **antes (de)** | before |
| **anticonceptivo** *m* | contraceptive |
| **antigüedades** *fpl* | antiques |
| **antiguo(a)** | old; ancient |
| **antihistamínico** *m* | antihistamine |
| **anular** | to cancel |
| **anunciar** | to announce; to advertise |
| **anuncio** *m* | advertisement; notice |
| **apagado(a)** | off *(light, etc.)* |
| **apagar** | to switch off; to turn off |
| **aparato** *m* | appliance |

| | |
|---|---|
| **aparato de aire acondicionado** | air-conditioning unit |
| **aparcamiento** *m* | car park |
| **aparcar** | to park |
| **apartamento** *m* | flat; apartment |
| **apellido** *m* | surname |
| **apendicitis** *f* | appendicitis |
| **aperitivo** *m* | aperitif *(drink)*; appetizer; snack *(food)* |
| **app** *f* | app |
| **aprender** | to learn |
| **aquí** | here |
| **árbol** *m* | tree |
| **ardor de estómago** *m* | heartburn |
| **arena** *f* | sand |
| **armario** *m* | wardrobe; cupboard |
| **arreglar** | to fix; to mend |
| **arriba** | upstairs; above |
| ***hacia arriba*** | upward(s) |
| **arroz** *m* | rice |
| **arte** *m* | art |
| **artesanía** *f* | crafts |
| **articulación** *f* | joint *(body)* |
| **artículo** *m* | article |
| ***artículos de regalo*** | gifts |
| **asado(a)** | roast |
| **ascensor** *m* | lift |
| **asegurado(a)** | insured |
| **asegurar** | to insure |
| **aseos** *mpl* | toilets |
| **asiento** *m* | seat |
| **asistencia** *f* | help; assistance |
| ***asistencia técnica*** | technical support |
| **atacar** | to attack |
| **ataque** *m* | fit *(seizure)* |
| ***ataque al corazón*** | heart attack |
| ***ataque de asma*** | asthma attack |
| **atención** *f* | attention |

| | |
|---|---|
| ***atención al cliente*** | customer service |
| **aterrizar** | to land |
| **atraco** *m* | mugging *(of person)* |
| **atrás** | behind |
| **atropellar** | to knock down *(car)* |
| **atún** *m* | tuna fish |
| **auténtico(a)** | genuine; real |
| **autobús** *m* | bus |
| **autocar** *m* | coach *(bus)* |
| **autopista** *f* | motorway |
| **autor(a)** *mf* | author |
| **autoservicio** *m* | self-service |
| **autovía** *f* | dual carriageway |
| **Av./Avda.** | *abbrev. for* **avenida** |
| **avena** *f* | oats |
| **avenida** *f* | avenue |
| **avería** *f* | breakdown *(car)* |
| **averiado(a)** | out of order; broken down |
| **avión** *m* | airplane |
| **aviso** *m* | notice; warning |
| **ayer** | yesterday |
| **ayudar** | to help |
| **ayuntamiento** *m* | town/city hall |
| **azafata** *f* | air hostess; stewardess |
| **azúcar** *m* | sugar |
| **azul** | blue |

# B

| | |
|---|---|
| **bahía** *f* | bay *(along coast)* |
| **bailar** | to dance |
| **baile** *m* | dance |
| **bajar** | to go down(stairs); to drop *(temperature)* |
| **bajarse (del)** | to get off *(bus, etc.)* |
| **bajo(a)** | low; short; soft *(sound)* |
| **balcón** *m* | balcony |
| **balón** *m* | ball |
| **bañador** *m* | swimming costume/trunks |

| | |
|---|---|
| **bañarse** | to go swimming; to bathe; to have a bath |
| **baño** *m* | bath; bathroom |
| ***con baño*** | with bath |
| **bar** *m* | bar |
| **barato(a)** | cheap |
| **barbacoa** *f* | barbecue |
| **barco** *m* | ship; boat |
| **barrio** *m* | district; suburb |
| **bastante** | enough; quite |
| **batido** *m* | milkshake |
| **bebé** *m* | baby |
| **beber** | to drink |
| **bebida** *f* | drink |
| ***bebida sin alcohol*** | soft drink |
| **berenjena** *f* | aubergine |
| **besar** | to kiss |
| **beso** *m* | kiss |
| **biberón** *m* | baby's bottle |
| **bicicleta** *f* | bicycle |
| ***bicicleta de montaña*** | mountain bike |
| **bien** | well, good |
| **bienvenido(a)** | welcome |
| **billete** *m* | ticket |
| ***billete de ida*** | single ticket |
| ***billete de ida y vuelta*** | return ticket |
| **bistec** *m* | steak |
| **blanco(a)** | white |
| **blando(a)** | soft |
| **blusa** *f* | blouse |
| **boca** *f* | mouth |
| **bocadillo** *m* | sandwich *(made with French bread)* |
| **boda** *f* | wedding |
| **bolígrafo** *m* | biro; pen |
| **bollo** *m* | roll; bun |
| **bolsa** *f* | bag; Stock Exchange |
| ***bolsa de plástico*** | plastic bag |

**bolso** *m* handbag
**bomberos** *mpl* fire brigade
**bombilla** *f* light bulb
**bombones** *mpl* chocolates
**bonito(a)** pretty; nice-looking
**bono** *m* voucher
**bonobús** *m* bus pass
**bosque** *m* forest; wood
**bota** *f* boot
**bote** *m* boat; tin; can
***bote salvavidas*** lifeboat
**botella** *f* bottle
**botón** *m* button
**bragas** *fpl* knickers
**brazo** *m* arm
**brillar** to shine
**británico(a)** British
**bronceado(a)** suntanned
**bronceador** *m* suntan lotion
**bucear** to dive
**bueno(a)** good; fine
***¡buenos días!*** good morning!
***¡buenas tardes!*** good afternoon!/evening!
***¡buenas noches!*** good evening!/night!
**bufanda** *f* scarf *(woollen)*
**buscar** to look for
**butacas** *fpl* stalls *(theatre)*
**buzón** *m* postbox; letterbox
***buzón de voz*** voicemail

# C

**caballeros** *mpl* gents
**caballo** *m* horse
***montar a caballo*** to go riding
**cabello** *m* hair
**cabeza** *f* head
**cabina** *f* cabin
***cabina (telefónica)*** phone box

| | |
|---|---|
| **cable** *m* | wire; cable |
| **cacahuete** *m* | peanut |
| **cacao** *m* | cocoa |
| **cada** | every; each |
| ***cada día*** | daily *(each day)* |
| ***cada uno*** | each (one) |
| **cadena** | chain; channel *(TV)*; WC chain *(for cistern)* |
| **caducado(a)** | out-of-date |
| **café** *m* | café; coffee |
| **cafetería** *f* | snack bar; café |
| **caja** *f* | cashdesk; box |
| ***caja de cambios*** | gearbox |
| ***caja fuerte*** | safe |
| **cajero automático** | cash dispenser; ATM |
| **calamares** *mpl* | squid |
| **calambre** *m* | cramp |
| **caldo** *m* | stock; consommé |
| **calefacción** *f* | heating |
| **calentar** | to heat up *(milk, etc.)* |
| **calidad** *f* | quality |
| **caliente** | hot |
| **calle** *f* | street; fairway *(golf)* |
| **calmante** *m* | painkiller |
| **calzado** *m* | footwear |
| **calzoncillos** *mpl* | underpants |
| **cama** *f* | bed |
| **camarera** *f* | waitress; chambermaid |
| **camarero** *m* | barman; waiter |
| **cambiar** | to change; to exchange |
| ***cambiarse*** | to get changed |
| **cambio** *m* | change; exchange; gear *(car)* |
| **caminar** | to walk |
| **camino** *m* | path; road; route |
| **camión** *m* | lorry |
| **camisa** *f* | shirt |
| **camiseta** *f* | t-shirt; vest |
| **camisón** *m* | nightdress |

| | |
|---|---|
| **camping** *m* | campsite |
| **campo** *m* | countryside; field; pitch |
| ***campo de fútbol*** | football pitch |
| ***campo de golf*** | golf course |
| **caña** *f* | cane; rod |
| ***caña (de cerveza)*** | glass of beer |
| ***caña de pescar*** | fishing rod |
| **Canadá** *m* | Canada |
| **canadiense** | Canadian |
| **cancelación** *f* | cancellation |
| **cancelar** | to cancel |
| **cansado(a)** | tired |
| **cantidad** *f* | quantity |
| **capilla** *f* | chapel |
| **cara** *f* | face |
| **caramelo** *m* | sweet; caramel |
| **caravana** *f* | caravan |
| **carburante** *m* | fuel |
| **carga** *m* | charge |
| **cargador** *m* | charger |
| **cargar** | to load; charge |
| ***cargar en cuenta*** | to charge to account |
| **cargo** *m* | charge |
| ***a cargo del cliente*** | at the customer's expense |
| **carne** *f* | meat |
| **carné de conducir** *m* | driving licence |
| **carné de identidad (DNI)** *m* | identity card |
| **carnicería** *f* | butcher's |
| **caro(a)** | dear; expensive |
| **carretera** *f* | road |
| ***carretera comarcal*** | secondary road, B-road |
| ***carretera de circunvalación*** | ring road |
| ***carretera nacional*** | A-road |
| **carril** *m* | lane *(on road)* |
| **carta** *f* | letter; playing card; menu |
| ***carta certificada*** | registered letter |
| **cartera** *f* | wallet; briefcase |
| **casa** *f* | house; home; household |

| | |
|---|---|
| **casado(a)** | married |
| **casco** *m* | helmet |
| **casi** | almost |
| **caso:** ***en caso de*** | in case of |
| **castañuelas** *fpl* | castanets |
| **castellano(a)** | Spanish; Castilian |
| **castillo** *m* | castle |
| **católico(a)** | Catholic |
| **cava** *m* | cava; sparkling white wine |
| **ceder** | to give way |
| ***ceda el paso*** | give way |
| **celo** *m* | Sellotape® |
| **cementerio** *m* | cemetery |
| **cena** *f* | dinner; supper |
| **cenar** | to have dinner |
| **cenicero** *m* | ashtray |
| **centímetro** *m* | centimetre |
| **céntimo** *m* | euro cent |
| **centro** *m* | centre |
| ***centro de negocios*** | business centre |
| **cepillo** *m* | brush |
| ***cepillo de dientes*** | toothbrush |
| **cerámica** *f* | ceramics;pottery |
| **cerca (de)** | near; close to |
| **cercanías** *fpl* | outskirts |
| ***tren de cercanías*** | suburban train |
| **cerdo** *m* | pig; pork |
| **cereza** *f* | cherry |
| **cerillas** *fpl* | matches |
| **cerrado(a)** | closed |
| ***cerrado por reforma*** | closed for repairs |
| **cerradura** *f* | lock |
| **certificado** *m* | certificate |
| **certificado(a)** | registered |
| **cervecería** *f* | pub |
| **cerveza** *f* | beer; lager |
| **chaleco** *m* | waistcoat |
| ***chaleco salvavidas*** | life jacket |

| | |
|---|---|
| **chalet** *m* | villa |
| **champiñón** *m* | mushroom |
| **champú** *m* | shampoo |
| **chaqueta** *f* | jacket |
| **charcutería** *f* | delicatessen |
| **cheque** *m* | cheque |
| ***cheque de viaje*** | traveller's cheque |
| **chica** *f* | girl |
| **chico** *m* | boy |
| **chico(a)** | small |
| **chocar** | to crash *(car)* |
| **chocolate** *m* | chocolate; hot chocolate |
| **chorizo** *m* | chorizo *(hard pork sausage)* |
| **chuleta** *f* | cutlet; chop |
| **ciclista** *mf* | cyclist |
| **ciego(a)** | blind |
| **cigarrillo** *m* | cigarette |
| **cigarro** *m* | cigar; cigarette |
| **cine** *m* | cinema |
| **cinturón** *m* | belt |
| ***cinturón de seguridad*** | safety belt |
| **circulación** *f* | traffic |
| **circule por la derecha** | keep right *(road sign)* |
| **cita** *f* | appointment |
| **ciudad** *f* | city; town |
| **claro(a)** | light *(colour)*; clear |
| **clase** *f* | class; type; lesson |
| ***clase preferente*** | club/business class |
| ***clase turista*** | economy class |
| **cliente** *mf* | customer; client |
| **climatizado(a)** | air-conditioned |
| **clínica** *f* | clinic; private hospital |
| **cobrar** | to charge; to cash |
| **coche** *m* | car; coach *(on train)* |
| **cocina** *f* | kitchen; cooker;cuisine |
| **cocinar** | to cook |
| **coco** *m* | coconut |
| **codo** *m* | elbow |

| | |
|---|---|
| **coger** | to catch; to get; to pick up *(phone)* |
| **cola** *f* | glue; queue; tail |
| **colchón** *m* | mattress |
| **colegio** *m* | school |
| **colisionar** | to crash |
| **collar** *m* | necklace |
| **color** *m* | colour |
| **comedor** *m* | dining room |
| **comenzar** | to begin |
| **comer** | to eat |
| **comestibles** *mpl* | groceries |
| **comida** *f* | food; meal |
| ***se sirven comidas*** | meals served |
| ***comidas caseras*** | home cooking |
| **comisaría** *f* | police station |
| **como** | as; like; since |
| **¿cómo?** | how?; pardon? |
| **cómodo(a)** | comfortable |
| **completo(a)** | full; no vacancies |
| **compras** *fpl* | shopping |
| **comprar** | to buy |
| **comprender** | to understand |
| **con** | with |
| **condón** *m* | condom |
| **conducir** | to drive |
| **conductor(a)** *mf* | driver |
| **confirmación** *f* | confirmation |
| **confirmar** | to confirm |
| **congelado(a)** | frozen |
| **congelador** *m* | freezer |
| **conocer** | to know; to be acquainted with |
| **consumir** | to eat; to use |
| ***consumir (preferentemente) antes de...*** | best before... |
| **contacto** *m* | contact; ignition *(car)* |
| **contagioso(a)** | infectious |
| **contaminado(a)** | polluted |

| | |
|---|---|
| **contento(a)** | pleased |
| **contestar** | to answer;to reply |
| **contra** | against |
| **contrato** *m* | contract |
| **control** *m* | inspection; check |
| ***control de seguridad*** | security check |
| **copa** *f* | glass; goblet |
| ***copa de helado*** | mixed ice cream |
| **cordero** *m* | lamb; mutton |
| **correcto(a)** | right *(correct)* |
| **correo** *m* | mail |
| ***correo electrónico*** | e-mail |
| **Correos** *m* | post office |
| **correr** | to run |
| **corrida de toros** *f* | bullfight |
| **corriente** *f* | power; current *(electric, water)*; draught *(of air)* |
| **cortado** *m* | espresso coffee with dash of milk |
| **cortar** | to cut |
| **corte** *m* | cut |
| **corto(a)** | short |
| **cosa** *f* | thing |
| **costa** *f* | coast |
| **costar** | to cost |
| **crédito** *m* | credit |
| **creer** | to think; to believe |
| **crema** *f* | cream *(lotion)* |
| ***crema bronceadora/solar*** | suntan lotion |
| ***crema de afeitar*** | shaving cream |
| **cruce** *m* | junction; crossroads |
| **crudo(a)** | raw |
| **cruzar** | to cross |
| **cuadro** *m* | picture; painting |
| ***a/de cuadros*** | checked *(pattern)* |
| **¿cuál?** | which? |
| **¿cuándo?** | when? |
| **¿cuánto?** | how much? |

| | |
|---|---|
| **¿cuántos?** | how many? |
| **cuarto** *m* | room |
| ***cuarto de baño*** | bathroom |
| ***cuarto de estar*** | living room |
| **cubrir** | to cover |
| **cuchara** *f* | spoon |
| **cucharilla** *f* | teaspoon |
| **cuchillo** *m* | knife |
| **cuenta** *f* | bill; account |
| **cuero** *m* | leather |
| **cuidado** *m* | care |
| ***¡cuidado!*** | look out! |
| ***¡ten cuidado!*** | be careful! |
| **cumpleaños** *m* | birthday |
| **curvas peligrosas** *fpl* | dangerous bends |

# D

| | |
|---|---|
| **dar** | to give |
| ***dar marcha atrás*** | to reverse |
| ***dar propina*** | to tip *(waiter, etc.)* |
| **datos** *mpl* | data; information |
| **dcha.** | *abbrev. for* **derecha** |
| **de** | of; from |
| **de acuerdo** | all right *(agreed)* |
| **debajo (de)** | under(neath) |
| **deber** | to owe; to have to |
| **decir** | to tell; to say |
| **declarar** | to declare |
| **dedo** *m* | finger |
| **dejar** | to let; to leave |
| ***dejar libre la salida*** | keep clear |
| **delante de** | in front of |
| **delito** *m* | crime |
| **demasiado** | too much |
| ***demasiado hecho(a)*** | overdone |
| **dentífrico** *m* | toothpaste |
| **dentro (de)** | inside |

| | |
|---|---|
| **dependiente(a)** *mf* | sales assistant |
| **deporte** *m* | sport |
| **depósito de gasolina** *m* | petrol tank |
| **derecha** *f* | right(-hand side) |
| ***a la derecha*** | on/to the right |
| **derecho** *m* | right; law |
| ***derechos de aduana*** | customs duty |
| **derecho(a)** | right; straight |
| **desayuno** *m* | breakfast |
| **descafeinado(a)** | decaffeinated |
| **descansar** | to rest |
| **descanso** *m* | rest; interval |
| **descongelar** | to defrost; to de-ice |
| **descuento** *m* | discount; reduction |
| **desde** | since; from |
| **desenchufado(a)** | off; disconnected; unplugged |
| **deshacer** | to undo; to unpack |
| **desinfectante** *m* | disinfectant |
| **desmaquilladora** | make-up remover |
| **desnatado(a)** | skimmed |
| **desodorante** *m* | deodorant |
| **despacio** | slowly; quietly |
| **despegar** | to take-off; to remove; to peel off |
| **despertador** *m* | alarm (clock) |
| **después** | after; afterward(s) |
| **destino** *m* | destination |
| **desvío** *m* | detour; diversion |
| **detalle** *m* | detail; nice gesture |
| ***al detalle*** | retail |
| **detener** | to arrest |
| **detrás (de)** | behind |
| **día** *m* | day |
| ***día festivo/de fiesta*** | public holiday; holiday |
| ***día laborable/hábil*** | working day; weekday |
| **diabético(a)** *mf* | diabetic |
| **diario(a)** | daily |
| ***a diario*** | every day |

| | |
|---|---|
| **diarrea** *f* | diarrhoea |
| **diciembre** *m* | December |
| **diente** *m* | tooth |
| **dieta** *f* | diet |
| **difícil** | difficult |
| **dificultad** *f* | difficulty |
| **dinero** *m* | money |
| ***dinero (en) efectivo*** | cash |
| **dirección** *f* | direction; address; *(Aut)* steering; steering wheel |
| ***dirección de correo electrónico*** | e-mail address |
| ***dirección prohibida*** | no entry |
| ***dirección única*** | one-way |
| **directo(a)** | direct *(train, etc.)* |
| **discapatidado(a)** *mf* | disabled person |
| **disponible** | available |
| **distancia** *f* | distance |
| **distinto(a)** | different |
| **diversión** *f* | fun |
| **divertido(a)** | funny *(amusing)* |
| **divertirse** | to enjoy oneself |
| **divisa** *f* | foreign currency |
| **divorciado(a)** | divorced |
| **docena** *f* | dozen |
| **documentos** *mpl* | documents |
| **dolor** *m* | ache; pain |
| ***dolor de cabeza*** | headache |
| ***dolor de garganta*** | sore throat |
| ***dolor de muelas*** | toothache |
| ***dolor de oídos*** | earache |
| **domicilio** *m* | home address |
| **domingo** *m* | Sunday |
| **¿dónde?** | where? |
| **dormir** | to sleep |
| **dormitorio** *m* | bedroom |
| **dosis** *f* | dose; dosage |
| **droga** *f* | drug |

| | |
|---|---|
| **ducha** *f* | shower |
| **ducharse** | to take a shower |
| **dueño(a)** *mf* | owner |
| **durante** | during |

# E

| | |
|---|---|
| **ecológico(a)** | organic; environmentally friendly |
| **edad** *f* | age *(of person)* |
| ***edad mínima*** | minimum age |
| **EE.UU.** | USA |
| **el** | the |
| **él** | he; him |
| **electricidad** *f* | electricity |
| **electricista** *mf* | electrician |
| **elegir** | to choose |
| **ella** | she; her |
| **ello** | it |
| **ellos(as)** | they; them |
| **embajada** *f* | embassy |
| **embarazada** | pregnant |
| **embarque** *m* | boarding |
| **empezar** | to begin |
| **empleo** *m* | employment; use |
| **empresa** *f* | firm; company |
| **empujar** | to push |
| ***empuje*** | push |
| **en** | in; into; on |
| **encender** | to switch on; to light |
| ***encender las luces*** | switch on headlights |
| **enchufe** *m* | plug; point; socket |
| **encima de** | onto; on top of |
| **encontrar** | to find |
| ***encontrarse con*** | to meet *(by chance)* |
| **enero** *m* | January |
| **enfadado(a)** | angry |
| **enfermedad** *f* | disease |
| **enfermero(a)** *mf* | nurse |

| | |
|---|---|
| **enfermo(a)** | ill |
| **enfrente (de)** | opposite |
| **ensalada** *f* | salad |
| **enseñar** | to show; to teach |
| **entender** | to understand |
| **entero(a)** | whole |
| **entrada** *f* | entrance; admission; ticket |
| ***entrada principal*** | main entrance |
| ***entradas limitadas*** | limited tickets |
| ***entradas numeradas*** | numbered tickets |
| ***no hay entradas*** | sold out |
| ***entrada libre*** | admission free |
| **entrar** | to go in; to get in; to enter |
| **entre** | among; between |
| **entremeses** *mpl* | hors d'œuvres |
| **enviar** | to send |
| **envío** *m* | shipment |
| **envolver** | to wrap |
| **epiléptico(a)** | epileptic |
| **equipaje** *m* | luggage; baggage |
| ***equipaje de mano*** | hand-luggage |
| **error** *m* | mistake |
| **es** | he/she/it is |
| **escalera** *f* | stairs; ladder |
| ***escalera de incendios*** | fire escape |
| **escaparate** *m* | shop window |
| **escoba** *f* | broom *(brush)* |
| **escocés(cesa)** | Scottish |
| **Escocia** *f* | Scotland |
| **escoger** | to choose |
| **esconder** | to hide |
| **escribir** | to write |
| **escrito:** ***por escrito*** | in writing |
| **escuchar** | to listen to |
| **escultura** *f* | sculpture |
| **ese/esa** | that |
| **esos/esas** | those |
| **espacio** *m* | space |

| | |
|---|---|
| **espalda** *f* | back *(of body)* |
| **España** *f* | Spain |
| **español(a)** | Spanish |
| **especialidad** *f* | speciality |
| **espectáculo** *m* | entertainment; show |
| **espejo** *m* | mirror |
| ***espejo retrovisor*** | rear-view mirror |
| **esperar** | to wait (for); to hope |
| **esposa** *f* | wife |
| **esposo** *m* | husband |
| **esquí** *m* | skiing; ski |
| ***esquí acuático*** | water-skiing |
| ***esquí de fondo*** | cross-country skiing |
| **esquiar** | to ski |
| **esquina** *f* | street corner |
| **está** | you *(polite)*/he/she/it is |
| **estación** *f* | railway station; season |
| ***estación de autobuses*** | bus/coach station |
| ***estación de servicio*** | petrol/service station |
| **estadio** *m* | stadium |
| **Estados Unidos** *mpl* | United States |
| **estadounidense** | (North) American |
| **estanco** *m* | tobacconist's |
| **estar** | to be |
| **este** *m* | east |
| **este/esta** | this |
| **estómago** *m* | stomach |
| **estos/estas** | these |
| **estrecho(a)** | narrow |
| **estrella** *f* | star |
| **estropeado(a)** | out of order; broken; damaged |
| **euro** *m* | euro |
| **Europa** *f* | Europe |
| **evitar** | to avoid |
| **excursión** *f* | tour; excursion |
| **éxito** *m* | success |
| **explicar** | to explain |
| **exportar** | to export |

**exposición** *f* exhibition
**extintor** *m* fire extinguisher
**extranjero(a)** *mf* foreigner

# F

**fábrica** *f* factory
**fácil** easy
**factura** *f* receipt; bill; account
**facturación** *f* check-in
**falda** *f* skirt
**falso(a)** fake; false
**farmacia** *f* chemist's; pharmacy
***farmacia de guardia*** duty chemist
**faro** *m* headlamp; lighthouse
***faro antiniebla*** fog-lamp
**favor** *m* favour
***por favor*** please
**favorito(a)** favourite
**febrero** *m* February
**fecha** *f* date
***fecha de caducidad*** expiry date
**feliz** happy
**femenino(a)** feminine
**feo(a)** ugly
**feria** *f* trade fair
**ferrocarril** *m* railway
**festivos** *mpl* public holidays
**fiebre** *f* fever
**fiesta** *f* party; public holiday
**fila** *f* row; line *(queue)*
**filete** *m* fillet; steak
**fin** *m* end
***fin de semana*** weekend
**firma** *f* signature
**firmar** to sign
***firme aquí*** sign here
**floristería** *f* florist's shop
**fontanero** *m* plumber

| | |
|---|---|
| **foto** *f* | picture; photo |
| **fotocopia** *f* | photocopy |
| **fotografía** *f* | photograph |
| **frágil** | fragile |
| **francés(cesa)** | French |
| **Francia** *f* | France |
| **frecuente** | frequent |
| **freír** | to fry |
| **frenar** | to brake |
| **freno** *m* | brake |
| **frente a** | opposite |
| **fresa** *f* | strawberry |
| **fresco(a)** | fresh; crisp; cool |
| **frío(a)** | cold |
| **frito(a)** | fried |
| **fruta** *f* | fruit |
| ***fruta del tiempo*** | seasonal fruit |
| **frutería** *f* | fruit shop |
| **fuera** | outdoors; out |
| **fuerte** | strong; loud |
| **fumadores** *mpl* | smokers |
| **fumar** | to smoke |
| ***prohibido fumar*** | no smoking |
| **función** *f* | show |
| **funcionar** | to work; to function |
| ***no funciona*** | out of order |

# G

| | |
|---|---|
| **gafas** *fpl* | glasses |
| ***gafas de sol*** | sunglasses |
| **galería** *f* | gallery |
| ***galería de arte*** | art gallery |
| **galés(lesa)** | Welsh |
| **Gales** *m* | Wales |
| **gallego(a)** | Galician |
| **galleta** *f* | biscuit |
| **ganar** | to earn; to win *(sports, etc.)* |

| | |
|---|---|
| **garantía** *f* | guarantee |
| **garganta** *f* | throat |
| **gas** *m* | gas |
| ***con gas*** | fizzy, sparkling |
| ***sin gas*** | non-fizzy; still |
| **gaseosa** *f* | lemonade |
| **gasoil** *m* | diesel |
| **gasolina** *f* | petrol |
| ***gasolina sin plomo*** | unleaded petrol |
| **gasolinera** *f* | petrol station |
| **gastar** | to spend *(money)* |
| **gastos** *mpl* | expenses |
| **gato** *m* | cat; jack *(for car)* |
| **gente** *f* | people |
| **girar** | to turn around |
| **glorieta** *f* | roundabout |
| **goma** *f* | rubber; eraser |
| **gordo(a)** | fat |
| **gótico(a)** | Gothic |
| **gracias** | thank you |
| ***muchas gracias*** | thank you very much |
| **gramo** *m* | gram(me) |
| **Gran Bretaña** *f* | Great Britain |
| **grande** | large; big; tall |
| **grandes almacenes** *mpl* | department store |
| **gratis** | free *(costing nothing)* |
| **grave** | serious *(accident, etc.)* |
| **gripe** *f* | flu |
| **gris** | grey |
| **grupo** *m* | group; band *(rock)* |
| ***grupo sanguíneo*** | blood group |
| **guantes** *mpl* | gloves |
| **guapo(a)** | handsome; attractive |
| **guardar** | to put away; to keep |
| **guardia** *f* | guard |
| ***Guardia Civil*** | Civil Guard |
| **guía (telefónica)** *f* | phone directory |
| **guiar** | to guide |

| | |
|---|---|
| **guitarra** *f* | guitar |
| **gustar** | to like; to enjoy |

# H

| | |
|---|---|
| **habitación** *f* | room |
| ***habitación doble*** | double room |
| ***habitación individual*** | single room |
| **hablar (con)** | to speak/talk to |
| ***se habla inglés*** | English spoken |
| **hacer** | to do; to make |
| ***hacer cola*** | to queue |
| ***hacer turismo*** | to sightsee |
| **hacia** | toward(s) |
| ***hacia arriba*** | upwards, up |
| ***hacia abajo*** | downwards, down |
| ***hacia adelante*** | forwards |
| ***hacia atrás*** | backwards |
| **harina** *f* | flour |
| **hasta** | until; till |
| **hay** | there is/there are |
| **hecho(a)** | finished; done |
| ***hecho a mano*** | handmade |
| **heladería** *f* | ice-cream parlour |
| **helado** *m* | ice cream |
| **hemorragia** *f* | haemorrhage |
| **herida** *f* | wound; injury |
| **hermano(a)** *mf* | brother/sister |
| **hervido(a)** | boiled |
| **hervir** | to boil |
| **hielo** *m* | ice |
| ***con/sin hielo*** | with/without ice |
| **hígado** *m* | liver |
| **hijo(a)** *mf* | son/daughter |
| **hinchado(a)** | swollen |
| **hipermercado** *m* | hypermarket |
| **histórico(a)** | historic |
| **hola** | hello; hi! |
| **hombre** *m* | man |

| | |
|---|---|
| **hombro** *m* | shoulder |
| **hora** *f* | hour; appointment; time |
| **horario** *m* | timetable |
| **horchata (de chufa)** *f* | refreshing tiger nut drink |
| **horno** *m* | oven |
| ***al horno*** | baked; roasted |
| **hospital** *m* | hospital |
| **hostal** *m* | small hotel; hostel |
| **hotel** *m* | hotel |
| **hoy** | today |
| **huelga** *f* | strike *(of workers)* |
| **hueso** *m* | bone |
| **huésped** *mf* | guest |
| **huevo** *m* | egg |
| **humo** *m* | smoke |

# I

| | |
|---|---|
| **ida** *f* | outward journey |
| ***de ida y vuelta*** | return *(ticket)* |
| **idioma** *m* | language |
| **iglesia** *f* | church |
| **importar** | to matter; to import *(goods)* |
| **importe total** *m* | total *(amount)* |
| **imprescindible** | essential |
| **impreso** *m* | form |
| **impuesto** *m* | tax |
| **incluido(a)** | included |
| **inconsciente** | unconscious |
| **individual** | individual; single |
| **infarto** *m* | heart attack |
| **infección** *f* | infection |
| **inferior** | inferior; lower |
| **inflamación** *f* | inflammation |
| **informe** *m* | report *(medical, police)* |
| **infracción** *f* | offence |
| ***infracción de tráfico*** | traffic offence |
| **Inglaterra** *f* | England |
| **inglés(lesa)** | English |

**insecto** *m* insect
**insolación** *f* sunstroke
**instrucciones** *fpl* directions; instructions
**interesante** interesting
**interior** inside
**intermitente** *m* indicator *(in car)*
**interruptor** *m* switch
**invierno** *m* winter
**invitación** *f* invitation
**invitado(a)** *mf* guest
**invitar** to invite
**inyección** *f* injection
**ir** to go
***ir a buscar*** to fetch
***irse a casa*** to go home
***irse de*** to leave *(a place)*
**Irlanda** *f* Ireland
**Irlanda del Norte** *f* Northern Ireland
**irlandés(desa)** Irish
**isla** *f* island
**Italia** *f* Italy
**italiano(a)** Italian
**itinerario** *m* route; schedule
**IVA** *m* VAT
**izq./izqda.** *abbrev. for* **izquierda**
**izquierda** *f* left
**izquierdo(a)** left

# J

**jabón** *m* soap
**jamás** never
**jamón** *m* ham
***jamón serrano*** cured ham
***jamón (de) York*** cooked ham
**jardín** *m* garden
**jefe(a)** *mf* chief; head; boss
**joven** *(mf)* young; young person
**joya** *f* jewel

| | |
|---|---|
| ***joyas*** | jewellery |
| **joyería** *f* | jeweller's |
| **judías** *fpl* | beans |
| ***judías verdes*** | green beans |
| **jueves** *m* | Thursday |
| **jugar** | to play; to gamble |
| **julio** *m* | July |
| **juguete** *m* | toy |
| **juguetería** *f* | toy shop |
| **junio** *m* | June |
| **junto(a)** | together |
| ***junto a*** | next to |
| **juventud** *f* | youth |

# K

| | |
|---|---|
| **kilo** *m* | kilo(gram) |
| **kilometraje** *m* | mileage |
| ***kilometraje (i)limitado*** | (un)limited mileage |
| **kilómetro** *m* | kilometre |
| **kiosko (de prensa)** *m* | newsstand |
| **kleenex®** *m* | tissue |

# L

| | |
|---|---|
| **la** | the; her; it; you *(polite)* |
| **labio** *m* | lip |
| **laborable** | working *(day)* |
| ***laborables*** | weekdays |
| **lado** *m* | side |
| ***al lado de*** | beside |
| **ladrón(ona)** *mf* | thief |
| **lago** *m* | lake |
| **lámpara** *f* | lamp |
| **lana** *f* | wool |
| **lápiz** *m* | pencil |
| **largo(a)** | long |
| ***largo recorrido*** | long-distance *(train, etc.)* |
| **lata** *f* | can *(container)*; tin |

| | |
|---|---|
| **lavabo** *m* | lavatory; washbasin |
| **lavado(a)** | washed |
| **lavadora** *f* | washing machine |
| **lavar** | to wash |
| ***lavarse*** | to wash oneself |
| **leche** *f* | milk |
| ***leche desnatada*** | skimmed milk |
| ***leche entera*** | whole milk |
| ***leche semi-desnatada*** | semi-skimmed milk |
| **lechuga** *f* | lettuce |
| **leer** | to read |
| **lejos** | far |
| **lengua** *f* | language; tongue |
| **lente** *f* | lens |
| ***lentes de contacto*** | contact lenses |
| **lentejas** *fpl* | lentils |
| **lentillas** *fpl* | contact lenses |
| **lento(a)** | slow |
| **letra** *f* | letter *(of alphabet)* |
| **levantar** | to lift |
| **levantarse** | to get up; to rise |
| **ley** *f* | law |
| **libra** *f* | pound *(currency, weight)* |
| ***libra esterlina*** | pound sterling |
| **libre** | free/vacant |
| ***libre de impuestos*** | tax-free |
| **librería** *f* | bookshop |
| **libro** *m* | book |
| **licencia** *f* | permit; licence |
| **licor** *m* | liqueur |
| ***licores*** | spirits |
| **límite** *m* | limit; boundary |
| ***límite de velocidad*** | speed limit |
| **limón** *m* | lemon |
| **limonada** *f* | lemonade |
| **limpiar** | to clean |
| **limpieza en seco** *f* | dry-cleaning |
| **limpio(a)** | clean |

| | |
|---|---|
| **linterna** *f* | torch; flashlight |
| **liso(a)** | plain; smooth |
| **listo(a)** | ready |
| **litro** *m* | litre |
| **llamada** *f* | call |
| **llamar** | to call; to ring; to knock *(on door)* |
| **llave** *f* | key; tap; spanner |
| ***llaves del coche*** | car keys |
| **llegada** *f* | arrival |
| **llegar** | to arrive; to come |
| **llenar** | to fill; to fill in |
| **lleno(a)** | full (up) |
| **llevar** | to bring; to wear; to carry |
| **lluvia** *f* | rain |
| **local** *m* | premises; bar |
| **lugar** *m* | place |
| ***lugar de nacimiento*** | place of birth |
| **lujo** *m* | luxury |
| **luna** *f* | moon |
| ***luna de miel*** | honeymoon |
| **lunes** *m* | Monday |
| **luz** *f* | light |

# M

| | |
|---|---|
| **macedonia** *f* | fruit salad |
| **madera** *f* | wood |
| **madre** *f* | mother |
| **maduro(a)** | ripe; mature |
| **mal/malo(a)** | bad *(weather, news)* |
| **maleta** *f* | case; suitcase |
| **maletero** *m* | boot *(car)* |
| **mañana** | tomorrow |
| **mañana** *f* | morning |
| **mancha** *f* | stain; mark |
| **mando a distancia** *m* | remote control |
| **manera** *f* | way; manner |
| **mano** *f* | hand |

| | |
|---|---|
| ***de segunda mano*** | secondhand |
| **maquinilla de afeitar** | shaver |
| **manta** *f* | blanket |
| **mantener** | to maintain; to keep |
| **mantequilla** *f* | butter |
| **manzana** *f* | apple; block *(of houses)* |
| **manzanilla** *f* | camomile tea; dry sherry |
| **mapa** *m* | map |
| ***mapa de carreteras*** | road map |
| **maquillaje** *m* | make-up |
| **máquina** *f* | machine |
| ***máquina de afeitar*** | razor |
| ***máquina de fotos*** | camera |
| **mar** *m* | sea |
| **marcapasos** *m* | pacemaker |
| **marcha** *f* | gear |
| ***marcha atrás*** | reverse gear |
| **marea** *f* | tide |
| ***marea alta/baja*** | high/low tide |
| **mareado(a)** | sick *(car, sea);* dizzy |
| **margarina** *f* | margarine |
| **marido** *m* | husband |
| **marisco** *m* | seafood; shellfish |
| **marisquería** *f* | seafood restaurant |
| **mármol** *m* | marble |
| **marrón** | brown |
| **marroquinería** *f* | leather goods |
| **martes** *m* | Tuesday |
| **marzo** *m* | March |
| **más** | more; plus |
| ***más que*** | more than |
| ***más tarde*** | later |
| **masculino(a)** | male |
| **matar** | to kill |
| **matrícula** *f* | number plate |
| **matrimonio** *m* | marriage |
| **mayo** *m* | May |
| **mayor** | bigger; biggest |

| | |
|---|---|
| ***mayor de edad*** | adult |
| ***mayores de 18 años*** | over-18s |
| **mechero** *m* | lighter |
| **medianoche** *f* | midnight |
| **medias** *fpl* | tights; stockings |
| **medicina** *f* | medicine; drug |
| **médico(a)** *mf* | doctor |
| **medida** *f* | measurement; size |
| **medio** *m* | the middle |
| **medio(a)** | half |
| ***media hora*** | half an hour |
| ***media pensión*** | half board |
| **mediodía** | midday; noon |
| **Mediterráneo** *m* | Mediterranean |
| **mejor** | best; better |
| ***mejor que*** | better than |
| **melocotón** *m* | peach |
| **melón** *m* | melon |
| **menor** | smaller/smallest; least |
| **menos** | minus; less; except |
| ***menos que*** | less than |
| **mensaje** *m* | message |
| **mensual** | monthly |
| **menú** *m* | menu |
| ***menú del día*** | set menu |
| **mercado** *m* | market |
| **mercadillo** | flea market |
| **mermelada** *f* | jam |
| **mes** *m* | month |
| **mesa** *f* | table |
| **metro** *m* | metre; underground; tape measure |
| **mi** | my |
| **mí** | me |
| **miel** *f* | honey |
| **mientras** | while |
| **miércoles** *m* | Wednesday |
| **mil** | thousand |

| | |
|---|---|
| **milímetro** *m* | millimetre |
| **mirar** | to look at; to watch |
| **misa** *f* | mass *(in church)* |
| **mismo(a)** | same |
| **mitad** *f* | half |
| **mochila** *f* | backpack; rucksack |
| **moda** *f* | fashion |
| **modo** *m* | way; manner |
| ***modo de empleo*** | instructions for use |
| **mojado(a)** | wet |
| **moneda** *f* | currency; coin |
| ***introduzca monedas*** | insert coins |
| **monitor(a) de esquí** *mf* | ski instructor |
| **montaña** *f* | mountain |
| **montañismo** *m* | mountaineering |
| **montar** | to ride |
| ***montar a caballo*** | to horse ride |
| **mordedura** *f* | bite |
| **morder** | to bite |
| **mostrador** *m* | counter; desk |
| **mostrar** | to show |
| **moto(cicleta)** *f* | (motor)bike |
| ***moto acuática*** | jet ski |
| **móvil** *m* | mobile phone |
| **media pensión (MP)** | half board |
| **mucho** | a lot; much |
| **mucho(a)** | a lot (of); much |
| **muchos(as)** | many |
| **muela** *f* | tooth |
| **muestra** *f* | exhibition; sample |
| **mujer** *f* | woman; wife |
| **multa** *f* | fine *(to be paid)* |
| **mundo** *m* | world |
| **muñeca** *f* | wrist; doll |
| **museo** *m* | museum; art gallery |
| **muy** | very |
| ***muy hecho(a)*** | well done *(steak)* |

# N

| | |
|---|---|
| **nacional** | national; domestic *(flight)* |
| **nacionalidad** *f* | nationality |
| **nada** | nothing |
| ***de nada*** | you're welcome |
| ***nada más*** | nothing else |
| **nadar** | to swim |
| **nadie** | nobody |
| **naranja** *f* | orange |
| **nariz** *f* | nose |
| **nata** *f* | cream |
| **natación** *f* | swimming |
| **natural** | natural; fresh; plain |
| **Navidad** *f* | Christmas |
| **necesario(a)** | necessary |
| **necesitar** | to need; to require |
| **negarse** | to refuse |
| **negocios** *mpl* | business |
| **negro(a)** | black |
| **neumático** *m* | tyre |
| **nevar** | to snow |
| **nevera** *f* | refrigerator |
| **niebla** *f* | fog |
| **nieto(a)** *mf* | grandson/granddaughter |
| **nieve** *f* | snow |
| **niña** *f* | girl; baby girl |
| **ningún/ninguno(a)** | none |
| **niño** *m* | boy; baby; child |
| ***niños*** | children *(infants)* |
| **nivel** *m* | level; standard |
| **Nº** | *abbrev. for* **número** |
| **noche** *f* | night |
| ***esta noche*** | tonight |
| **Nochebuena** *f* | Christmas Eve |
| **Nochevieja** *f* | New Year's Eve |
| **nombre** *m* | name |
| **norte** *m* | north |
| **Norteamérica** *f* | America; USA |

| | |
|---|---|
| **norteamericano(a)** | American |
| **nosotros(as)** | we |
| **noticias** *fpl* | news |
| **novia** *f* | girlfriend; fiancée; bride |
| **noviembre** *m* | November |
| **novio** *m* | boyfriend; fiancé; bridegroom |
| **nublado(a)** | cloudy |
| **nuestro(a)** | our; ours |
| **Nueva Zelanda** *f* | New Zealand |
| **nuevo(a)** | new |
| **número** *m* | number; size; issue |
| ***número de móvil*** | mobile number |
| **nunca** | never |

# O

| | |
|---|---|
| **o** | or |
| ***o... o...*** | either... or... |
| **objetivo** *m* | lens *(on camera)* |
| **objeto** *m* | object |
| ***objetos de valor*** | valuables |
| **obligatorio(a)** | compulsory |
| **obra** *f* | work; play *(theatre)* |
| **obtener** | to get *(to obtain)* |
| **océano** *m* | ocean |
| **octubre** *m* | October |
| **ocupado** | engaged |
| **oeste** *m* | west |
| **oferta** *f* | special offer |
| **oficina** *f* | office |
| ***oficina de Correos*** | Post Office |
| **ofrecer** | to offer |
| **oído** *m* | ear |
| **oír** | to hear |
| **ojo** *m* | eye |
| **olor** *m* | smell |
| **operación** *f* | operation |
| **oportunidades** *fpl* | bargains |
| **orden** *f* | command |

**orden** *m* order
**ordenador** *m* computer
***ordenador portátil*** laptop
**oreja** *f* ear
**organizar** to arrange; to organize
**oro** *m* gold
**oscuro(a)** dark; dim
**oso** *m* bear *(animal)*
**otoño** *m* autumn
**otro(a)** other; another
***otra vez*** again

## P

**paciente** *m/f* patient *(in hospital)*
**padre** *m* father
***padres*** parents
**paella** *f* paella *(rice dish)*
**pagado(a)** paid
**pagar** to pay for; to pay
***pagar al contado*** to pay cash
**página** *f* page
***página web*** website
***Páginas Amarillas*** *fpl* Yellow Pages®
**pago** *m* payment
**país** *m* country
**paisaje** *m* landscape; countryside
**palabra** *f* word
**palacio** *m* palace
**pálido(a)** pale
**palo** *m* stick; mast
***palo de golf*** golf club
**pan** *m* bread; loaf of bread
**panadería** *f* bakery
**panecillo** *m* bread roll
**pantalones** *mpl* trousers
***pantalones cortos*** shorts
**pantys** *mpl* tights
**pañuelo** *m* handkerchief; scarf *(headscarf)*

| | |
|---|---|
| ***pañuelo de papel*** | tissue |
| **papel** *m* | paper |
| ***papel higiénico*** | toilet paper |
| **papelería** *f* | stationer's |
| **paquete** *m* | packet; parcel |
| **par** | even *(number)* |
| **par** *m* | pair |
| **para** | for; towards |
| **parabrisas** *m* | windscreen |
| **parachoques** *m* | bumper *(car)* |
| **parada** *f* | stop |
| **parado(a)** | unemployed |
| **parador** *m* | state-run luxury hotel |
| **paraguas** *m* | umbrella |
| **parar** | to stop |
| **pareja** *f* | couple *(2 people)* |
| **parque** *m* | park |
| ***parque de atracciones*** | funfair |
| **parquímetro** *m* | parking meter |
| **parrilla** *f* | grill; barbecue |
| ***a la parrilla*** | grilled |
| **particular** | private |
| **partido** *m* | match *(sport)*; party *(political)* |
| **partir** | to depart |
| **pasaje** *m* | ticket; fare; alleyway |
| **pasajero(a)** *mf* | passenger |
| **pasaporte** *m* | passport |
| **pasar** | to happen |
| **pasatiempo** *m* | hobby; pastime |
| **Pascua** *f* | Easter |
| ***¡Felices Pascuas!*** | Happy Easter! |
| **paseo** *m* | walk; avenue; promenade |
| **pasillo** *m* | corridor; aisle |
| **paso** *m* | step; pace |
| ***paso a nivel*** | level crossing |
| ***paso de peatones*** | pedestrian crossing |
| ***paso subterráneo*** | pedestrian underpass |
| **pasta** *f* | pastry; pasta |

| | |
|---|---|
| ***pasta de dientes*** | toothpaste |
| **pastel** *m* | cake; pie |
| ***pasteles*** | pastries |
| **pastelería** *f* | cakes and pastries; cake shop |
| **patata** *f* | potato |
| ***patatas fritas*** | french fries; crisps |
| **peaje** *m* | toll |
| **peatón(ona)** *mf* | pedestrian |
| **pecho** *m* | chest; breast |
| **pechuga** *f* | breast *(poultry)* |
| **pedir** | to ask for; to order |
| ***pedir prestado*** | to borrow |
| **pegar** | to stick (on); to hit |
| **peine** *m* | comb |
| **pelar** | to peel *(fruit)* |
| **película** *f* | film |
| **peligro** *m* | danger |
| ***peligro de incendio*** | fire hazard |
| **peligroso(a)** | dangerous |
| **pelo** *m* | hair |
| **pelota** *f* | ball |
| ***pelota de golf*** | golf ball |
| ***pelota de tenis*** | tennis ball |
| **peluquería** *f* | hairdresser's |
| **pendientes** *mpl* | earrings |
| **pensar** | to think |
| **pensión** *f* | guesthouse |
| **pensionista** *mf* | senior citizen |
| **peor** | worse; worst |
| **pequeño(a)** | little; small; tiny |
| **pera** *f* | pear |
| **perder** | to lose; to miss *(train, etc.)* |
| **perdido(a)** | missing *(lost)* |
| **perdón** *m* | pardon; sorry |
| **perdonar** | to forgive |
| **perfumería** *f* | perfume shop |
| **periódico** *m* | newspaper |
| **permitido(a)** | permitted; allowed |

| | |
|---|---|
| **permitir** | to allow; to let |
| **pero** | but |
| **perro** *m* | dog |
| **persona** *f* | person |
| **pesado(a)** | heavy; boring |
| **pesar** | to weigh |
| **pesca** *f* | fishing |
| **pescadería** *f* | fishmonger's |
| **pescado** *m* | fish |
| **peso** *m* | weight; scales |
| **pez** *m* | fish |
| **picado(a)** | chopped; minced; rough *(sea)*; stung *(by insect)* |
| **picadura** *f* | insect bite; sting |
| **picante** | peppery; hot; spicy |
| **picar** | to itch; to sting |
| **pie** *m* | foot |
| **piel** *f* | fur; skin; leather |
| **pierna** *f* | leg |
| **pieza** *f* | part; room |
| **pijama** *m* | pyjamas |
| **pila** *f* | battery *(radio, etc.)* |
| **píldora** *f* | pill |
| **pimienta** *f* | pepper *(spice)* |
| **pimiento** *m* | pepper *(vegetable)* |
| **piña** *f* | pineapple |
| **pinchar** | to have a puncture |
| **pinchazo** *m* | puncture |
| **pintura** *f* | paint; painting |
| **Pirineos** *mpl* | Pyrenees |
| **pisar** | to step on; to tread on |
| ***no pisar el césped*** | keep off the grass |
| **piscina** *f* | swimming pool |
| **piso** *m* | floor; storey; flat |
| **pista** *f* | track; court |
| **plancha** *f* | iron *(for clothes)* |
| ***a la plancha*** | grilled |
| **planchar** | to iron |

| | |
|---|---|
| **plano** *m* | plan; town map |
| **planta** *f* | plant; floor; sole *(of foot)* |
| ***planta baja/alta*** | ground/top floor |
| **plata** *f* | silver |
| **plátano** *m* | banana; plane tree |
| **plato** *m* | plate; dish *(food)*; course |
| ***plato del día*** | dish of the day |
| **playa** *f* | beach; seaside |
| **plaza** *f* | square *(in town)* |
| ***plaza de toros*** | bull ring |
| ***plazas libres*** | vacancies |
| **pobre** | poor |
| **poco(a)** | little |
| ***poco hecho(a)*** | rare *(steak)* |
| ***pocos(as)*** | (a) few |
| ***un poco de*** | a bit of |
| **poder** | to be able |
| **policía** *f* | police |
| **policía** *mf* | police officer |
| ***Policía Municipal/Local*** | local police |
| ***Policía Nacional*** | national police |
| **polideportivo** *m* | leisure centre |
| **pollo** *m* | chicken |
| **polo** *m* | ice lolly, polo shirt |
| **pomada** *f* | ointment |
| **pomelo** *m* | grapefruit |
| **poner** | to put |
| ***poner en marcha*** | to start *(car)* |
| ***ponerse en contacto*** | to contact |
| **por** | by; per; through;about |
| ***por adelantado*** | in advance |
| ***por correo*** | by mail |
| ***por ejemplo*** | for example |
| ***¿por qué?*** | why? |
| **porque** | because |
| **portaequipajes** *m* | luggage rack |
| **portátil** *m* | laptop |
| **portero** *m* | caretaker; doorman |

| | |
|---|---|
| **posible** | possible |
| **postal** *f* | postcard |
| **postre** *m* | dessert; pudding |
| **potable** | drinkable |
| **precio** *m* | price; cost |
| **precioso(a)** | lovely |
| **preferir** | to prefer |
| **prefijo** *m* | dialling code |
| **pregunta** *f* | question |
| **preguntar** | to ask |
| **preocupado(a)** | worried |
| **preparar** | to prepare; to cook |
| **presentar** | to introduce |
| **preservativo** *m* | condom |
| **presión** *f* | pressure |
| ***presión arterial*** | blood pressure |
| **prestar** | to lend |
| **primavera** *f* | spring *(season)* |
| **primer/o(a)** | first |
| ***primeros auxilios*** *mpl* | first aid |
| **principal** | main |
| **principiante** *mf* | beginner |
| **prioridad (de paso)** *f* | right of way |
| **privado(a)** | private |
| **probador** *m* | changing room |
| **probar** | to try; to taste |
| **probarse** | to try on *(clothes)* |
| **procedente de...** | coming from... |
| **productos** *mpl* | produce; products |
| ***productos lácteos*** | dairy products |
| **profundo(a)** | deep |
| **programa** *m* | programme |
| **prohibido(a)** | prohibited/no... |
| ***prohibido aparcar/ estacionar*** | no parking |
| ***prohibido bañarse*** | no bathing |
| ***prohibido el paso*** | no entry |
| **pronto** | soon |

| | |
|---|---|
| **pronunciar** | to pronounce |
| **propiedad** *f* | property |
| **propietario(a)** *mf* | owner |
| **propina** *f* | tip |
| **propio(a)** | own |
| **protector solar** *m* | suncream |
| **próximo(a)** | next |
| **pueblo** *m* | village; country |
| **puente** *m* | bridge |
| **puerta** *f* | door; gate |
| ***cierren la puerta*** | close the door |
| ***puerta de embarque*** | boarding gate |
| **puerto** *m* | port |
| **puesto de socorro** | first-aid post |
| **puesto que** | since |
| **pulpo** *m* | octopus |
| **pulsera** *f* | bracelet |
| **puro** *m* | cigar |

## Q

| | |
|---|---|
| **que** | than; that; which |
| **¿qué?** | what?; which? |
| ***¿qué tal?*** | how are you? |
| **quedar** | to remain; to be left |
| ***quedar bien*** | to fit *(clothes)* |
| **queja** *f* | complaint |
| **quemado(a)** | burnt |
| **quemadura** *f* | burn |
| **quemar** | to burn |
| **querer** | to want; to love |
| ***querer decir*** | to mean |
| **queso** *m* | cheese |
| **¿quién?** | who? |
| **quiosco** *m* | kiosk |
| **quitar** | to remove |
| **quizá(s)** | perhaps |

# R

| | |
|---|---|
| **ración** *f* | portion |
| ***raciones*** | portions |
| **radio** *m* | spoke *(wheel)* |
| **radiografía** *f* | X-ray |
| **rápido** *m* | express train |
| **rápido(a)** | quick; fast |
| **raqueta** *f* | racket |
| **rato** *m* | a while |
| **ratón** *m* | mouse |
| **razón** *f* | reason |
| **real** | royal |
| **rebajas** *fpl* | sale(s) |
| **recambio** *m* | spare; refill |
| **recargar** | to recharge *(battery, etc.)* |
| **recibir** | to receive |
| **recibo** *m* | receipt |
| **recientemente** | recently |
| **reclamación** *f* | claim; complaint |
| **reclamar** | to claim |
| **recoger** | to collect |
| **recogida de equipajes** *f* | baggage reclaim |
| **recomendar** | to recommend |
| **recuerdo** *m* | souvenir |
| **red social** *f* | social network |
| **reembolsar** | to reimburse; to refund |
| **reembolso** *m* | refund |
| **refresco** *m* | refreshment; cold drink |
| **regalo** *m* | gift; present |
| **régimen** *m* | diet |
| **región** *f* | district; area; region |
| **registrarse** | to register *(at hotel)* |
| **regla** *f* | period *(menstruation)*; ruler *(for measuring)* |
| **Reino Unido** *m* | United Kingdom |
| **reírse** | to laugh |
| **rellenar** | to fill in |
| **reloj** *m* | clock; watch |

| | |
|---|---|
| **RENFE** *f* | Spanish National Railways |
| **reparación** *f* | repair |
| **reparar** | to repair |
| **repetir** | to repeat |
| **reproductor de CD/DVD** *m* | CD/DVD player |
| **reproductor MP3/MP4** *m* | MP3/MP4 player |
| **repuestos** *mpl* | spare parts |
| **reserva** *f* | booking(s); reservation |
| **reservado(a)** | reserved |
| **reservar** | to reserve; to book |
| **resfriado** *m* | cold *(illness)* |
| **respirar** | to breathe |
| **responder** | to answer; to reply |
| **respuesta** *f* | answer |
| **resto** *m* | the rest |
| **retrasado(a)** | delayed |
| **retraso** *m* | delay |
| ***sin retraso*** | on schedule |
| **reunión** *f* | meeting |
| **revista** *f* | magazine |
| **riñón** *m* | kidney |
| **río** *m* | river |
| **robar** | to steal |
| **robo** *m* | robbery; theft |
| **rodilla** *f* | knee |
| **rojo(a)** | red |
| **románico(a)** | Romanesque |
| **romper** | to break; to tear |
| **ropa** *f* | clothes |
| **rosa** *f* | rose |
| **rosa** | pink |
| **rosado** *m* | rosé |
| **roto(a)** | broken |
| **rotonda** *f* | roundabout *(traffic)* |
| **rubio(a)** | blond; fair haired |
| **rueda** *f* | wheel |
| ***rueda de repuesto*** | spare tyre |
| ***rueda pinchada*** | flat tyre |

| | |
|---|---|
| **ruido** *m* | noise |
| **ruta** *f* | route |
| ***ruta turística*** | tourist route |

# S

| | |
|---|---|
| **sábado** *m* | Saturday |
| **sábana** *f* | sheet *(bed)* |
| **saber** | to know *(facts)*; to know how *(to do something)* |
| **sacar** | to take out *(of bag, etc.)* |
| **sacarina** *f* | saccharin |
| **sal** *f* | salt |
| ***sin sal*** | unsalted |
| **sala** *f* | hall; hospital ward |
| **salado(a)** | savoury; salty |
| **salchicha** *f* | sausage |
| **saldos** *mpl* | sales |
| **salida** *f* | exit/departure |
| **salir** | to go out; to come out |
| **salmón** *m* | salmon |
| **salsa** *f* | gravy; sauce; dressing |
| **saltar** | to jump |
| **salteado(a)** | sauté; sautéed |
| **salud** *f* | health |
| **sandalias** *fpl* | sandals |
| **sandía** *f* | watermelon |
| **sangrar** | to bleed |
| **secar** | to dry |
| **seco(a)** | dry; dried *(fruit, beans)* |
| **seguida: *en seguida*** | straight away |
| **seguido(a)** | continuous |
| **seguir** | to continue; to follow |
| **según** | according to |
| **segundo** *m* | second *(time)* |
| **segundo(a)** | second |
| **seguramente** | probably, almost certainly |
| **seguridad** *f* | reliability; safety; security |
| **seguro** *m* | insurance |

| | |
|---|---|
| ***seguro del coche*** | car insurance |
| ***seguro de vida*** | life insurance |
| **sello** *m* | stamp *(postage)* |
| **semáforo** *m* | traffic lights |
| **semana** *f* | week |
| **semanal** | weekly |
| **señal** *f* | sign; signal; road sign |
| **sencillo(a)** | simple; single *(ticket)* |
| **señor** *m* | gentleman |
| ***Señor (Sr.)*** | Mr; Sir |
| **señora** *f* | lady |
| ***Señora (Sra.)*** | Mrs; Ms; Madam |
| **señoras** | ladies |
| **señorita** *f* | Miss |
| ***Señorita (Srta.)...*** | Miss... |
| **sentarse** | to sit |
| **sentir** | to feel |
| **separado(a)** | separated |
| **septiembre** *m* | September |
| **ser** | to be |
| **servicio** *m* | service; service charge |
| ***área de servicio*** | service area |
| ***servicio incluido*** | service included |
| ***servicios*** | toilets |
| **servilleta** *f* | serviette |
| **servir** | to serve |
| **seta** *f* | mushroom |
| **sexo** *m* | sex; gender |
| **si** | if |
| **sí** | yes |
| **sida** *m* | AIDS |
| **sidra** *f* | cider |
| **siempre** | always |
| **siento:** ***lo siento*** | I'm sorry |
| **siga** | follow |
| ***siga adelante*** | carry on |
| ***siga recto*** | keep straight on |
| **siguiente** | following; next |

| | |
|---|---|
| **silla** *f* | chair; seat |
| ***silla de ruedas*** | wheelchair |
| **sillón** *m* | armchair |
| **simpático(a)** | nice; kind |
| **sin** | without |
| ***sin plomo*** | unleaded |
| **sírvase Ud. mismo** | self-service/help yourself |
| **sitio** *m* | place; space; position; site |
| **SMS** *m* | text |
| ***enviar un SMS*** | to text |
| **sobre** | on; upon; about; on top of |
| **sobrio(a)** | sober |
| **sociedad** *f* | society, company *(business)* |
| ***Sociedad Anónima*** | Ltd; plc |
| **socio(a)** *mf* | member; partner *(business)* |
| **¡socorro!** | help! |
| **sol** *m* | sun; sunshine |
| **solamente** | only |
| **solicitar** | to request |
| **solo** | only |
| **solo(a)** | alone; lonely |
| **solomillo** *m* | sirloin steak |
| **soltero(a)** *mf* | bachelor/spinster |
| **soltero(a)** | single *(unmarried)* |
| **sombra** *f* | shade; shadow |
| **sombrero** *m* | hat |
| **sombrilla** *f* | sunshade; parasol |
| **sonido** *m* | sound |
| **sonreír** | to smile |
| **sonrisa** *f* | smile |
| **sopa** *f* | soup |
| **sordo(a)** | deaf |
| **Sr.** | *abbrev. for* **señor** |
| **Sra.** | *abbrev. for* **señora** |
| **Srta.** | *abbrev. for* **señorita** |
| **stop** *m* | stop *(sign)* |
| **su** | his/her/its/their/your *(polite)* |
| **suavizante** *m* | hair conditioner; fabric softener |

| | |
|---|---|
| **submarinismo** *m* | scuba diving |
| **sucio(a)** | dirty |
| **sucursal** *f* | branch *(of bank, etc.)* |
| **suelo** *m* | soil; ground; floor |
| **suelto** *m* | small change |
| **suerte** *f* | luck |
| ***¡(buena) suerte!*** | good luck! |
| **sujetador** *m* | bra |
| **supermercado** *m* | supermarket |
| **sur** *m* | south |
| **surfing** *m* | surfing |
| **surtidor** *m* | petrol pump |
| **sus** | his/her/*its*/their/your *(polite)* |

# T

| | |
|---|---|
| **tabaco** *m* | tobacco; cigarettes |
| **tablao (flamenco)** *m* | Flamenco show |
| **tablet** *f* | tablet *(computer)* |
| **talla** *f* | size |
| **taller** *m* | garage *(for repairs)* |
| **también** | as well; also; too |
| **tampoco** | neither |
| **tampones** *mpl* | tampons |
| **taquilla** *f* | ticket office |
| **tarde** *f* | evening; afternoon |
| **tarde** | late |
| **tarjeta** *f* | card |
| ***tarjeta de crédito*** | credit card |
| ***tarjéta de débito*** | debit card |
| ***tarjeta de embarque*** | boarding pass |
| **tasca** *f* | bar; cheap restaurant |
| **taxi** *m* | taxi |
| **taxista** *mf* | taxi driver |
| **taza** *f* | cup |
| **té** *m* | tea |
| **teatro** *m* | theatre |
| **telefonear** | to phone |
| **teléfono** *m* | phone |

| | |
|---|---|
| ***teléfono público*** | payphone |
| **telesilla** *m* | ski lift; chairlift |
| **televisión** *f* | television |
| **temperatura** *f* | temperature |
| **temporada** *f* | season |
| ***temporada alta/baja*** | high/low season |
| **tenedor** *m* | fork *(for eating)* |
| **tener** | to have |
| ***tener fiebre*** | to have a temperature |
| **ternera** *f* | veal |
| **terraza** *f* | terrace; balcony |
| **tía** *f* | aunt |
| **tiempo** *m* | time; weather |
| **tienda** *f* | store; shop; tent |
| ***tienda de ropa*** | clothes shop |
| **tijeras** *fpl* | scissors |
| **timbre** *m* | doorbell; official stamp |
| **tintorería** *f* | dry-cleaner's |
| **tío** *m* | uncle |
| **típico(a)** | typical |
| **tipo** *m* | sort |
| ***tipo de cambio*** | exchange rate |
| **tirar** | to throw (away); to pull |
| ***para tirar*** | disposable |
| **tire** | pull |
| **tirita** *f* | (sticking) plaster |
| **toalla** *f* | towel |
| **tobillo** *m* | ankle |
| **tocar** | to touch; to play *(instrument)* |
| **todo(a)** | all |
| ***todo*** | everything |
| ***todo incluido*** | all inclusive |
| **tomar** | to take; to have *(food/drink)* |
| ***tomar el sol*** | to sunbathe |
| **tomate** *m* | tomato |
| **tónica** *f* | tonic water |
| **tonto(a)** | stupid |
| **torcedura** *f* | sprain |

**torero** *m* bullfighter
**tormenta** *f* thunderstorm
**toro** *m* bull
**torre** *f* tower
**tos** *f* cough
**toser** to cough
**tostada** *f* toast
**trabajar** to work *(person)*
**trabajo** *m* work
**traducción** *f* translation
**traer** to fetch; to bring
**traje** *m* suit; outfit
**traje de baño** swimsuit
**tranquilo(a)** calm; quiet
**transbordo** *m* transfer
**tranvía** *m* tram
**travesía** *f* crossing
**tren** *m* train
**trozo** *m* piece
**tu** your *(singular with friends)*
**tú** you *(singular with friends)*
**tubo de escape** *m* exhaust pipe
**tumbona** *f* deckchair
**túnel** *m* tunnel
**turista** *mf* tourist

# U

**Ud(s).** *abbrev. for* **usted(es)**
**últimamente** lately
**último(a)** last
**un(a)** a/an
**uña** *f* nail *(finger, toe)*
**únicamente** only
**Unión Europea** *f* European Union
**universidad** *f* university
**unos(as)** some
**urgencias** *fpl* A&E, casualty department
**urgente** urgent; express

| | |
|---|---|
| **usar** | to use |
| **usted** | you *(polite singular)* |
| **ustedes** | you *(polite plural)* |
| **útil** | useful |
| **utilizar** | to use |
| **uva** *f* | grape |

# V

| | |
|---|---|
| **vacaciones** *fpl* | holiday |
| **vacío(a)** | empty |
| **vacuna** *f* | vaccination |
| **vagón** *m* | railway carriage |
| **vale** | OK |
| **válido(a)** | valid *(ticket, licence, etc.)* |
| **vapor** *m* | steam |
| ***al vapor*** | steamed |
| **vaqueros** *mpl* | jeans |
| **variado(a)** | assorted; mixed |
| **varios(as)** | several |
| **vasco(a)** | Basque |
| **vaso** *m* | glass *(for drinking)* |
| **veces** *fpl* | times |
| **vecino(a)** *mf* | neighbour |
| **vehículo** *m* | vehicle |
| **velocidad** *f* | speed |
| ***límite de velocidad*** | speed limit |
| ***velocidad máxima*** | speed limit |
| **venda** *f* | bandage |
| **vendedor(a)** *mf* | salesman/woman |
| **vender** | to sell |
| ***se vende*** | for sale |
| **venir** | to come |
| **venta** *f* | sale; country inn |
| **ventana** *f* | window |
| **ventilador** *m* | fan *(electric)* |
| **ver** | to see; to watch |
| **verano** *m* | summer |
| **verdad** *f* | truth |

| | |
|---|---|
| ***¿de verdad?*** | really? |
| **verde** | green |
| **verduras** *fpl* | vegetables |
| **vestido** *m* | dress |
| **vestirse** | to get dressed |
| **veterinario(a)** *mf* | vet |
| **vez** *f* | time |
| **viajar** | to travel |
| **viaje** *m* | journey; trip |
| ***viaje de negocios*** | business trip |
| **viajero** *m* | traveller |
| **vida** *f* | life |
| **viejo(a)** | old |
| **viento** *m* | wind |
| **viernes** *m* | Friday |
| **viña** *f* | vineyard |
| **vinagre** *m* | vinegar |
| **vino** *m* | wine |
| **violación** *f* | rape |
| **violar** | to rape |
| **virus** *m* | virus |
| **visita** *f* | visit |
| **viudo(a)** *mf* | widow/widower |
| **vivir** | to live |
| **V.O. (versión original)** | undubbed version (of film) |
| **volar** | to fly |
| **volver** | to come/go back; to return |
| **vosotros** | you *(plural with friends)* |
| **vuelo** *m* | flight |
| **vuestro(a)** | your *(plural with friends)* |

# W

| | |
|---|---|
| **wáter** *m* | lavatory; toilet |

# Y

| | |
|---|---|
| **y** | and |
| **yo** | I; me |
| **yogur** *m* | yoghurt |

# Z

| | |
|---|---|
| **zanahoria** *f* | carrot |
| **zapatería** *f* | shoe shop |
| **zapato** *m* | shoe |
| **zumo** *m* | juice |

# Language learning on the go

**Ideal for beginners | from £14.99**

**collins.co.uk/languagelearning**

# Collins

@collinsdictionary facebook.com/collinsdictionary

# Master any language, *FAST* >>>

ebook available

"Benny Lewis is the Ekhart Tolle of language learning"
*The Guardian*

ISBN: 9780007543922
£9.99

**Collins**

@collinsdictionary facebook.com/collinsdictionary
collins.co.uk/languagelearning